「味噌汁・ご飯」授業シリーズ

全員がわかる・できるを
実感する！

教科書を200%活用した
算数授業
づくり

野中信行 監修
岩見沢市立南小学校 著

明治図書

## 序文にかえて

# 南小の「学力向上の秘訣」とは何か

北海道学校力向上事業アドバイザー　野中信行

　本書を執筆している南小の「授業」への考え方は，明快である。
「『授業がうまくいった』，『子どもたちの目が輝いていた』，『意欲的に学習に取り組む様子が見られた』，『意見が活発に出されて上手に話し合っていた』…などというような，抽象的で何とでも理解されるような言葉で研究の成果を測ってはいけない。『子どもの事実』で成果を確認していくことである」と。
　南小は，岩見沢市にある普通の地域の，普通の学校である。その学校が全国学力テストで秋田県の平均を抜くような「学力向上」を図っている。
　学力向上の秘訣とは何か？
　1つ目は，向上させていく「学力」をきちんと設定していること。単元テスト（業者テスト）を「学力」の目安としていて，「最終的に学級全員の子が90％以上で通過することを目標とする」としている。これは普通の学校ではかなりレベルが高い目標値になる。でも，やり抜こうとしている先生たちの心意気はすごいものである。
　2つ目は，学習になかなかついてこられない子どもたちにこだわっていること。ずっと追跡調査をしている。「テスト」の平均点を上げることだけが目的ではないことがはっきりと分かる。
　3つ目は，徹底して「日常授業」のレベルを上げることに力を注いでいること。特にノート指導の徹底ぶりは，舌を巻くほどである。
　南小は，北海道教育委員会の「学校力向上」の事業を推進している学校の1つである。事業の重点目標の1つが，「日常授業」の改善。今，日本の学校現場に最も必要な施策がこうして南小で実現されている。
　普通の学校が，どうしたら「学力」を向上させられるか。その大きな問題提起を，南小は，こうして展開しているのである。

## はじめに

岩見沢市立南小学校長　三角光二

　教室での毎日は，子ども一人一人が主役のドラマの連続です。仲間と助け合い，喜び合い，時にはぶつかり合う。そんな子ども社会の中で，子どもたちは確かな成長のあゆみを刻み，そこには常に教師の存在があります。

　学校生活で大半を占めるのが，授業です。教師には，子どもたちに良質な授業を提供することが求められます。しかし，多忙な中で日常の授業がおろそかにされ，研究授業と言えば，特別な授業と位置づけられてしまっている現状があります。南小学校では，日常授業を大切にすること，その日の授業がわからないままで家庭に返さないことを標榜しています。そこには，「味噌汁・ご飯」授業研究会の野中信行先生との出会いが大きく影響しています。つまり，どの子にもわかる・できることを実感させる授業，どの子にもテストで90点以上とらせる授業，どの学級でも同じように取り組んでいる授業，それが本校の「味噌汁・ご飯」の授業であり，「日常授業」の実践です。

　こうした授業実践や授業改善に大きく舵を取ることができたのは，北海道教育委員会の『学校力向上に関する総合実践事業』の指定を受けたことによります。学校力は，学校がチームとしてのまとまりを持って組織的に機能することが求められています。いまや学校は，個々の実践家の力量に頼るのではなく，学校という組織全体で目指す到達点を共有して，力量を発揮していくことが必要とされています。

　特別なことを実践することが，決して「よい授業」ではありません。本書を通して，「日常授業」の大切さを実感していただき，子どもに毎日「よい授業」を実践する手がかりや足がかりになれば幸いです。

# 目次

序文にかえて　2
はじめに　3

## 第1章　教科書を200％活用した日常授業の改善　7

1. なぜ，日常授業を研究の主題にしたのか　7
2. 全員がわかる・できる授業を目指した教科書活用の研究　10
3. 教師全員で確認する教科書指導のポイント　13
4. 日常授業の改善の進め方12のステップ　15

## 第2章　全員がわかる・できる算数の指導案＆授業づくり　44

### 日常授業の指導案・授業づくり

1. 1年「のこりはいくつ」　44
2. 2年「たし算とひき算」　47
3. 3年「わり算」　50
4. 4年「面積」　53
5. 5年「単位量あたりの大きさ」　56
6. 6年「速さ」　59

### 公開授業の指導案・授業づくり

7. 1年目・1年「10より大きいかず」　62

| 8 | 1年目・5年「単位量当たりの大きさ（平均）」 | 64 |
| 9 | 2年目・3年「あまりのあるわり算」 | 66 |
| 10 | 2年目・6年「速さ」 | 68 |

## 効果的な日常授業になるTTの取り組み

| 11 | 担任と連携した環境＆授業づくり | 70 |
| 12 | 児童観察・T1とT2の分担 | 72 |
| 13 | TTでの一斉指導・個別指導 | 74 |

## 第3章 Before Afterで見る教科書の活用のポイント　76

| 1 | 教科書活用で子どもに育つ自信と笑顔 | 76 |
| 2 | 挿絵やイラストの活用で授業が変わる | 78 |
| 3 | 「積み木図」の活用で「かけ算九九づくり」 | 80 |
| 4 | 細かな部分を授業で利用して効率化を図る | 82 |
| 5 | 算数的思考力を使う場面を意図的につくる | 84 |
| 6 | 教科書をお手本にして自分の言葉で説明させる | 86 |
| 7 | 教科書をしっかり読み取れると授業が変わる | 88 |
| 8 | 教科書の流れで思考の流れを訓練する | 90 |
| 9 | 子どもの思考を助ける導入場面での教科書の有効活用 | 92 |
| 10 | デジタル教科書の活用による体験活動 | 94 |
| 11 | 教科書をすみずみまで扱う | 96 |
| 12 | 教科書活用の有効性を考える | 98 |
| 13 | 教科書で授業の見通しを持たせる | 100 |

## 第4章 ユニバーサルデザインの算数授業づくり　102

- 1 特別支援学級から見た日常授業の効用　102
- 2 特別支援教育の視点から見た南小学校の研究　104
- 3 「ひま」を作らない活動と仲間を感じる活動　108
- 4 「場合の数」で順序よく整理する方法をさぐる　110
- 5 補助計算・図・説明についての一考察　112
- 6 かけ算の立式で問題のキーワードに下線を引く　114
- 7 ICT機器を活用した授業づくり　116
- 8 リスク要因を減らし，子どもの問題行動を減らす　118
- 9 表現と交流のある算数的活動　120
- 10 アルゴリズムとともに計算メモを書く　122
- 11 たし算かな？　ひき算かな？　問題場面を図で表す　124
- 12 道具に目印をつける　126
- 13 単位のしくみの教え方　128
- 14 説明しあう活動から既習の内容・考え方を学び直す　130
- 15 三項関係を数・文字（ことば）の学習の共通構造と考える　132
- 16 すべての子が使える易しい教具　134

資料　研究通信　137

おわりに　150
研究同人　151

第1章　教科書を200％活用した日常授業の改善

# 1 なぜ、日常授業を研究の主題にしたのか

　研究の主題を設定するとき，様々なことを検討する。
　今日的な課題だったり，子どもの実態だったり，教師の願いだったり，地域の問題だったり……。たくさんのことを検討し設定した研究の主題について仮説を立て，仮説を検証していく。
　仮説の検証のために，研究授業が行われる。授業者の決定から指導案の検討，そして反省が行われる。反省の中から成果と課題が確認されて，1年の研究は終わっていく。
　どの学校でも行われている研究の手順である。そこに教師の研究に対する努力と時間がつぎ込まれる。
　例えば，授業者となった者は，学習指導案を作成する。時間をかけて教材研究をして，授業の流れについて検討をしながら指導案という形に表す。
　できあがった指導案は，学年での打ち合わせで検討が行われる。検討の結果，修正部分が出て来て，再度指導案の作成をする。修正された指導案は，ブロック研修で提案をして，検討される。そこでも，さらに修正がかかる。そして，全体研修の場で再度検討をする。多くの教師の智恵と検討の結果，一つの指導案が完成する。時間をかけて検討された指導案……ここまで到達するのにかかった時間と努力は相当なものである。
　このような指導案検討は大事な教師のための修行の場である。多くの人の意見を聞き，考えをぶつけ合ってよりよい授業をするために何度も修正した指導案である。そして，学年やブロックで協力して作られた教材類。周到に準備をして授業に臨む。
　教材はわかりやすく作られているし，授業の流れもスムーズであろう。そして，発問や指示も精選されて無駄がなくなっている。本時の目標を達成するためには，必要十分な準備があるのだから，子どもは，その授業によって「わかった・できた」を実感するに違いない。
　授業の反省会でも成果が確認されて，仮説が検証されていく。このような

授業が各学年で行われて、研究が深まっていくだろう。

このような流れは、どの教師も経験してきた研究の姿だろうと思う。

しかし、一つ疑問が残る。

このときに

> 作成した指導案で授業ができるのは、1年間のたった1時間

である。その1時間は、とてもよい授業ができるし、子どもたちに「わかる・できる」を保障することが可能だろう。

> 残りの時間はどうするのだろうか??

学級担任は、1年間の内でおおよそ1000時間の授業をする。その1000時間全てが、研究授業のように効率よく、子どもたちに「わかる・できる」を保障するような授業であれば、全く問題はない。

でも、世間一般には、そのような教師はごくごく稀だろう。

ましてや、公立の一般的な小学校において、そのようなスーパーマンのような教師が存在することは、ほとんどないと言ってよいだろう。

では、1000時間の内の1時間はとてもうまくいった。他の授業をすべて研究授業と同じように、学年内での検討、ブロック研修での修正、そして、全体研修での再検討、再修正がかけられた指導案を1000時間分作るのは不可能なことは誰でも知っている。教材教具だって、毎時間、研究授業レベルで準備するのも、かなり難しい。

時間的にも体力的にも……現実不可能である。

これでは、

> 毎日の授業と研究授業がつながらない

研究授業の成果の一部を活用しながら、それぞれの教師がその教師の創意工夫で授業をすることになってしまう。

それはそれで尊い努力ではあっても、毎日の授業は、それこそ毎日やってくる……待ってはくれない。

研究授業の成果を研究授業以外の時間に活用することはできても、研究授業と同じような準備はできないのである。どうしても、日常の授業の準備は

疎かになるだろう。

> 子どもの学力を伸ばすのは，普段の1時間の授業の積み重ね

が重要である。

年間たった1時間の研究授業がうまくいっても，積み重ねにはなっていかない。

ましてや，1年間に1時間の研究授業が終われば，あとは自己流で……という話も聞こえてくる。要するに，1年間で1時間の研究授業がノルマであって，ノルマを果たしてしまえば，あとは自由に勝手に授業をしても問題は生じない。

そのように研究授業をノルマ的に考えてしまえば，全ての子どもに「わかる・できる」を保障することは不可能となってしまう。

では，どうしたらよいか??

結論として，

> 研究するべきは日常の授業

である。

すなわち

> 「わかる・できる」ようにするには，普段の授業を改善することが大事

である。

毎日毎日行われている授業がよくならなければ，子どもに「わかる・できる」を実感させることはできない，と言う考えから，普段の授業を改善するために，以下の主題が設定されたのである。

> 研究主題：『基礎・基本の定着を目指した授業の研究』
> 副題：「全員がわかる・できる指導法の工夫
> 　　　〜より効果的に教科書を活用した授業のあり方〜」

## 2 全員がわかる・できる授業を目指した教科書活用の研究

　前述の研究主題は，2013年度に設定したものである。その前年までは，同じ研究主題，副題ではあったのだが，アプローチが「～『算数的活動』を通して～」となっていた。

　要するに「基礎・基本の定着を目指した授業の研究」を「全員がわかる・できる指導法の工夫」をすることによって目指していたことは同じである。その工夫を「算数的活動を効果的に指導すること」に焦点化して達成しようと考えていた。これはこれで成果が見られ，2014年度の研究の提案文書には以下のようにまとめてある。

---

　昨年までは，四か年主題『基礎・基本の定着を目指した授業の研究』として，算数的活動を切り口に全員が「わかる・できる」指導法を研究してきた。

　四か年かけた研究の成果として，算数的活動を有効に使うことで，子どもに「わかる・できる」を保証できることは可能であるという結論を導いた。しかし，そういう場面は限定的であり，全ての学習場面で確認することはできなかった。

　例えば，①低学年「数と計算」領域において，計算のアルゴリズムを「唱える活動」は，計算の手順を学ぶ上で有効と確認された。②低学年の「数と計算」領域において，計算の手順を学ぶ上で，具体物での操作，半具体物での操作，抽象物での操作の手順が有効であると確認された。③面積図やテープ図，矢印など視覚に訴える方法や補助計算をノート作業に取り入れて指導をすることで，子どもの理解を深めることができると確認された。

　　　　　　　　　　岩見沢市立南小学校　2014年度研究提案文書より

---

　しかし，十分とは言えない部分があった。次のページの文章である。

> しかしながら，アンケートでは未だ1割近くの子が「わからない」と答えたり，単元テストでの目標を全員9割以上と定めたにもかかわらず，目標に達しない子がどの学級にも存在している事実があった。
> そういう意味では，一定の結論を導いたとは言え，まだ，研究およびその実践で不足部分があったのは否めない。
>
> 岩見沢市立南小学校　2014年度研究提案文書より

読んでおわかりいただけるかと思うが，研究の成果を確認する方法として，いくつかの方法を採用していた。

当然，研究授業とその反省会で話し合われ，導き出された教師集団の共通認識である。しかし，

| 教師の授業反省会だけでは，教師の自己満足やひとりよがり |

となってしまう。

研究である以上，客観的事実が必要だと考えた。

そして，客観性を持たせるために，

| 児童の単元テストの結果を集計 |

して，そのテスト結果で成果を確認しようとした。

また，さらに，

| 児童に算数授業のアンケート |

を採り，それも成果の確認に活用した。

その結果，目標とした数字（成果があったと言える事実）になっていないのであった。

それが，上記の文章である。

算数的活動での研究は，ある程度の成果は見られたのだが，子どもの事実は，「まだ，足りない」ということを教師に突きつけたのである。

目標に届かない子が学級にいる。そして，「わからない」と訴える子が全校で1割程度存在していた。それを無視して，研究の成果が十分であったとは言えない……というのが結論だった。

さらに，全校で実施している標準学力検査（NRT）の数字も下降気味であった。基本的な事柄をしっかりと「習得」させることが必要であった。教科書内容を習得させることで，未履修をなくし，学習したことを定着させることも大事である。
　その反省を踏まえて，算数的活動をさらに広めると共に，「わかる・できる」指導法の研究として，アプローチを「教科書の有効活用」と設定した。
　教科書とは，当然，文科省の検定を通って全国津々浦々に行き渡っている。その全国共通の教材を有効に使うことができれば，子どもの学力は安定するだろうという仮説から始まっている。
　常に算数の教科書を活用していれば，

| 日常の授業は，どの学級も同質同レベルに近づく |

可能性が大きい。さらに，毎日毎日の授業が安定して，

| 同じようなパターンで進められるようにすれば学力も安定 |

する。
　常に教科書の活用方法を研究することによって，

| 研究授業での成果を次の日の授業で使う |

ことができる。
　また，

| 教科書の不足部分や不可解な部分を検討する |

ことも可能になり，

| 教科書に掲載されている教材教具の善し悪しも議論ができる |

だろう。
　そして，教師が全員教科書の活用方法を研究することによって，職員室における共通の話題での教材研究が可能となり，

| 日常的に授業について考える |

ことにつながるだろうと考えたのである。
　このような前年度までの研究の成果と課題から主題の設定をした。

## 3 教師全員で確認する教科書指導のポイント

　教科書は，当然，児童全員に配布されている。

　教師も児童と同じ教科書を持っている。同じ教具を持ち，同じページを見ながら学習を進める。

　そのためには，「教科書のページ数がどこに書いてあるのか」をしっかりと指導しておく必要がある。

　例えば，「35ページ」と教師が指示をしても，中には，35ページがどこかわからない……と言う子どもが出てくる。そんな事態になると，授業は進まず，わからない，できないという子が続出する。

　教科書を活用する上では，ページ数を確認できるように，早い段階で指導をしておく必要がある。

　さらに，問題番号や教科書に出てくるキャラクターなども，子どもと教師の共通言語として確認しておく必要がある。

　まずは，そのレベルからのスタートである。

　何度も何度も子どもに確認をさせて，ページ数と問題番号などの読み方がわかるようにしておくことである。

　それがわかったら，教科書の絵を見る，教科書の数直線を確認する，教科書の吹き出しを読む，などの活動がスムーズに進むだろう。そして，授業を進める中で，学習活動をしながら，教科書のどこを学んでいるかを確認しながら進めていけばよい。

　問題文を読むとき，図でわかったことを発表させるとき，学級全員の子どもが教師の意図したところを見ているか，逆に，見逃したり，別の所を見ていたりしないかに，気を配る必要がある。

　もしこれが，教科書を使わずに，毎時間，教師が配布するプリントで学んだり，時には，教科書をしまって，類似問題で授業を進めたりすると，とたんに，何を勉強しているのかがわからなくなる子が出てきてしまう。

> 教科書を子どもと教師の共通の教具として位置づけ

て，常に教師と共に活用ができるようにしつけておく必要がある。

次に，教科書の学習手順を理解しておく。

算数の教科書の多くは，

| 例題　→　類題　→　練習問題 |

の順番に配列されている。

まずは，その時間の学ぶべき内容でもある「例題」が最初に掲載されている。例題で，何をするのか，どのようにするのか，を学んでいく。例題を解いていく記述の中で，どこかに解くための「基本の形」が書いてある。

それを例題から見つけていく。見つけるのは教師であり，教師が見つけた「問題を解くための基本の形」を子どもに気づかせて，ノートに書いていくことになる。

この例題を解くことで，一通りその時間に学習するべき内容が終わる。

しかし，一度例題で解いたからと言って，「学級全員」が「全て」を理解したかどうかは疑わしい。おそらく，大半はムリである。「ああ，そうするのか……」というイメージができあがるだけである。

次に，「類題」を解いてみるのである。

ここでは，例題を解いたときとまったく同じ方法を使って解いてみるのである。ここで，子ども全てに任せてしまうわけにはいかない。まだ，わからない，例題の解き方を理解しているとは言えない子が多数存在する。

そこで，例題と同じように解けるように，手順ややり方をアドバイスしながら問題を解いていく。

こうして，例題と類題が解ける。

そして，最後に「練習問題」で今のやり方で解けるようになったかどうかを確認する。ここの段階では，教師はさほど手をかけない。特にできない子や，机間巡視をして勘違いをしている子だけに個別に指導をするような感じになる。

教科書を活用して算数の指導をし，なおかつ子ども達に「わかる・できる」を保証するには，この活用のポイントを全体で確認する必要がある。

# 4 日常授業の改善の進め方12のステップ

## 1 全員が行う研究授業

　研究を進めるに当たって，最初に考えたのは，授業を担当している教師全てが，研究主題に沿った授業を公開することであった。

　研究テーマを教師全体で共有することは，研究を進める上で大切なポイントである。それには，テーマについて検討をすること，そして，それをどのように授業にしていくか考えることが一番効果的である。授業をしてみて初めて反省会で意見を言えるし，自分なりの考えを持つこともできる。例え，研究テーマや仮説に反対意見があっても，授業をして検討をした結果，反対であると言う意見でない限り，真実味に欠けてくる。

　そういう意味では，教師全員が授業をすることで，研究テーマを理解し共有できることにつながると考えている。

　また，子どもの前で授業をする者として，最低限1年に1回は授業を公開することが必要である。これは，この研究テーマの設定以前から，勤務校の常識であった。毎年，全ての教師が授業を公開している。当然，指導案を作成し，学校全体かブロックで指導案検討を行って授業をし，反省会を設定している。全員が一度授業をすることで，教師全員が理解をし，テーマについて検討することが可能になる。

　それを目指すための，全員の研究授業である。

　ただ，全員が研究授業をするためには，いくつか考えなければならないことが生じてきた。

　研究授業の回数が年間20回を超えることになる。さらに全員となれば，「仕方ない」と考えるかもしれないが，今までの経験上，教師の中には，「面倒だ」，「大変だ」，という気持ちになる方がいた。もしいたとしても，年に一度は授業を公開することが必要だと考えていた。

　そのためには，二つの問題を解決する必要があった。

　一つが

| 教師全員が授業公開できる校内体制 |

を作ることであり，もう一つが，

| 授業をする上での負担を少なくして，授業者のためになる研究の方法 |

を選択することであった。

　今回の研究を進める方法として「研究授業」を行うことと「日常の授業実践」も研究の対象として考えた。これは，研究授業と日常の授業の距離を縮めるためである。日常行われている授業の延長に研究授業があり，研究授業が終わっても，その先に日常の授業で研究をする必要を感じていた。

　しかし，研究授業となると年に一度の一大イベントのように考えてしまうことが時々見られる。

　例えば，研究授業の時だけ，特別に模造紙を使って掲示物を作る。教室中に模造紙がぶら下がり，学習の成果を確認するのに使われる。しかし，研究授業が終わったら，そのような授業はしない。模造紙を毎時間毎時間全学級が使っていると，用紙代だけでかなりの額となるという理由もあろう。しかし，普段の授業とはつながらなくなる。

　また，普段は使わないICT機器を，研究授業の時だけは使ってみる。その他の時間は，それほど活用しない。それも，研究授業と日常の授業が結びつかない。

　そんなことは，極力避けたいと考えた。

　日常の授業こそが大事である。その日常の授業をよくすることが重要で，日常の授業がいかに効果的に行われているかを研究するべきだと考えてである。

　そこで，研究授業を「特別な授業」ではなく，普段の授業の延長線上と押さえるように提案をした。

| 研究授業は特別な授業ではなく，指導案のある普段の授業 |

である。

　そうすれば，気持ちは楽になるだろう。

　たった1時間の授業のために，何か月も前から準備をする必要はない。指

導案を作って事前に検討をするぐらいである。授業の準備にかける時間も普段の授業の延長と考えれば，それほど必要ない。日常的にやっていることを公開して研究の対象とするだけである。

ある意味

| 気楽に研究授業ができる |

雰囲気ができあがる。こうして，全員が研究授業として公開授業ができるように……全員が授業を公開するように提案をしたわけである。

これで，授業への圧迫と負担を軽くすることができる。

もう一つの問題が，時間的な制約を解決することである。

全員が授業をした場合，授業を持っている教師の数だけ授業が行われることになり，そのたびに見学する側の教師が担任する学級は自習体制となる。自習が年間に20時間になってしまっては，学習に支障が出るだろうという配慮がはたらいた。

それを解消するために，低学年・中学年・高学年と三つのブロックを作った。そして，全体公開授業とブロック公開授業の二つの公開基準を設けた。

全体公開授業については，全員が授業参観し，反省会をその日の放課後に行うことにした。学年で一つ……だから，全体公開授業は年間6回と設定した。それ以外の授業については，ブロック公開として，ブロックのメンバーは全員が参加し，反省会を開催する。ただし，他のブロックの授業を見ることは可能と位置づけた。

そうすると，全員が授業をすることで研究授業の回数が20数回になっても，授業を参観するために児童に自習を課する必要はなくなってくる。

そして，そのブロックで主題に関する研究を行い，仮説の検証をブロックごとに行うことにした。

当然，ブロック公開授業の反省会で行われたことは，ブロックで話し合い，全体の研修で報告することにした。「中間発表」と「最終報告」という形で成果を発表するわけである。

こうして，全員が授業をすること，そして，その成果を全体に交流して，

研究の成果を確認できる研究体制を作っていった。

## 2 シンプルな指導案　1時間の仮説の設定

　授業を公開する上では指導案を作成する。その指導案をシンプルな形にすれば，負担も軽くなる。授業を公開することへの圧迫も少なくて済む。

　大作の指導案も時には必要だが，この主題では，毎日の授業にいかせる指導法の研究であることが目的であるから，指導案の分量は重視せず，必要最低限のポイントを押さえることで十分だと考えた。

　年度当初の指導案に関する提案文書は，以下の通りである。

> 　「誰が見ても，授業がわかりやすい，見やすい指導案」を目指してきた今までの形式と同様とする。
> 　また，研究授業1時間の研究仮説（授業仮説）を入れることとする。
> 　これにより，授業を見る際の視点，分析・評価の視点が明確になることが期待できる。さらに，その時間の評価基準を明記する。
> 　本時の展開部分には，テーマにかかわる内容を入れていく。
> 　算数の授業がわからない児童については，児童の実態欄にその事実を記入する。（児童名はイニシャル）その児童の困り感がわかれば，それも記入をし，本時の展開でどのような手立てを講じるのかを明記する。
> 　○作成にあたって
> **(0) 日時，児童数，指導者**
> **(1) 教材名**
> 　　扱う教材の名称を記載する。
> **(2) 教材について**
> 　　指導者の教材に対する考え方，教材の特徴，教材を通して身につけさせたとなどを記載する。
> **(3) 児童の実態**
> 　　算数科に関するこれまでの実態や，育っている面を記載する。
> **(4) 単元の目標**

> 単元を通して育てたいことを記載する。単元の評価基準を明記する。
> 
> **(5) 指導計画**
> 
> わかりやすく簡単でよい。ただし，研究授業の部分は「本時」と記載する。
> 
> その時間の評価基準について記述する。
> 
> **(6) 本時の指導（○／○）**
> 
> ① 本時の目標
> 
> 具体的にこの時間で身につけさせたいことを記載する。（基礎基本を明確にする）
> 
> ② 本時の授業仮説（教科書活用に関わる提案）
> 
> ・教科書内容をAすることによって，Bになる。という書き方とする。
> 
> ・Aが教師の手立て，Bが「子どもの姿」（本時の目標に関わるもの）教師の指導・手立てが具体的であること（本時の展開に記入する）
> 
> 例）百玉そろばんを使って数えたり，固まりで操作したりすることによって，数の仕組み（十進法）がわかる。
> 
> ③ 本時の評価基準
> 
> 子どもの活動や作業に対しての評価をどのような基準で行うのか？
> 
> 本時の目標に対する評価は，どんな基準で判断するのか？
> 
> 岩見沢市立南小学校　2014年度研究提案文書より

特に目新しいものはないと考えている。

ただ，「(6) 本時の指導」の部分に特徴がある。

まずは，本時に身につけさせたい基礎基本を明確にすることである。これは，本時の目標に記される。次に，その目標を達成させるための仮説である。これは，

> ②　本時の授業仮説（教科書活用に関わる提案）

がある。これが本校の指導案の特徴と言ってもよいかもしれない。

「わかる・できる」を保障するために，その1時間の授業での仮説を設定するのである。

「こう教科書を活用したら，このようになるだろう」と言う観点である。

教科書に掲載されている内容が子どもにふさわしくない場合は，別案を明記する。別会社の教科書も活用する。

この仮説があることで

> 教科書の活用の意図
> 　1時間の授業で中心となる算数的活動

が明確になる。

授業の「骨格」がここに示されていることになるわけである。

この

> 仮説が授業者の提案

となる。「このような形で授業を進めます」「こんな活用をします」逆に，「教科書の記述とは異なる活動をします」という提案である。

参観者は，この提案が子どもの学力形成に有効かどうかを検討すればよいわけである。

従って，学年やブロックで授業を作りあげる……というような作業はほとんどない。合同で指導案作成をすることはほぼゼロである。なぜなら，日常の授業を学年やブロックで作りあげる機会は生じてこないからである。日常の授業と同様に授業者が自分の授業を作り，学年やブロックに提案をするのである。

この部分は非常に重要である。

集団で一つの授業を作るのでは，授業者の意思や考えがなかなか反映されない。若い教師の場合，周りが授業を作ってしまい，自力で指導案を作る……要するに，毎日の授業を自分で作ることにつながる検討が薄れてしまう。

あくまで日常の授業をよくするための研究授業であるから，

> 集団で授業を作り上げるような指導案づくりはしない

のである。

　経験の少ないなりに授業者が個人で考え，個人が指導案を作るのである。

　その際に，教科書の活用方法を考え，仮説とするのである。これを研究授業で経験をしておけば，普段の自分の授業でも自力で授業づくりが可能となるのではないかと考えたのである。

　ただ，人に聞いてはいけないと言うことではない。先輩教師から意見を聞いたり，管理職に相談をしたりするのは，全く構わない。

　授業者が自分の授業を作って提案することを申し合わせている。

　授業者が自分で指導案を作って，事前検討に提案をする方法を採用すると，グループで「指導案を作る」時間は必要なくなる。事前検討を一度行えばよい。最低限，授業者に迷いや悩みがあったとしても，一度の事前検討で解決できるようにすれば，それで十分と考えたのである。

　そして，指導案の特徴として「本時の展開」の部分では，発問・指示・説明については，枠で囲うことにした。

　そして，発問1・発問2・指示1・指示2と言う形で通し番号をつけることにした。例えば，

> **指示1**　教科書35ページ☆の1をよみます

のような感じである。

　大まかな授業の流れは，この枠組みを見ていけばよい。

　こうすると，教師の指導言の検討がしやすくなる。さらに，指導案作成時に，子どもにどのような言葉で問うのか？　どのような言葉で指示をするのか？
が明確になる。

　明確にしておけば，実際の授業で慌てることもないし，授業参観者にもわかりやすい。さらに，検討会では，「発問1の時……」と話題にしやすくなる。

　このような考えで指導案を作るように申し合わせている。

## 3 模擬授業による指導案検討

指導案検討の場面である。
本校の指導案検討では,模擬授業をすることになっている。
以下,年度当初の提案である。

> 研究の中心は研究授業および日常の授業実践とする。
> 　研究授業について
> ①今年度もブロックで研究を進める。
> ②学級担任,専科,TTについては,全員が研究主題に沿った研究授業を公開する。
> ③研究授業の公開に当たっては,指導案を作成し,事前にブロックでの指導案検討を行う。
> ④指導案の検討については,ポイントになる教科書活用場面の部分を模擬授業形式で授業者が提案する。「全員が模擬授業をできるようにしていく」
> ⑤指導案の作成については,ブロックで一つの授業を作り上げるということではなく,個人の提案をブロック内で検討することで,より提案性のあるものへとすることを目的とする。
> ⑥ブロックでの指導案検討・授業反省については,他ブロックからの積極的参加を推奨する。
> ⑦学年代表の1人は,全体公開授業とする。従って,全体公開は,6授業とする。
> ⑧全体公開授業についても,ブロック研修での模擬授業による指導案検討を行う。
> ⑨全体公開授業については,ブロックでの指導案の検討をするが,反省は全体研修とする。
> ⑩1人の公開回数に制限は設けない。
> ⑪TT,専科の授業研究については,所属するブロックで行う。特別支援は,各ブロックに所属しブロック研究に参加するが,授業研究は

> 全体に公開し交流会を持つ。
>
> 　　　　　　岩見沢市立南小学校　2014年度研究提案文書より

　研究の中心は授業実践であり，全員が授業をすることを明記している。また，ブロックでの指導案検討を義務づけている。そして，模擬授業での提案を記してある。

　これは，指導案検討で事細かく検討をするのではなく，指導案に沿って授業をした方がわかりやすい，伝わりやすい，という考えから生まれたことである。

　校内研修の提案文書には，以下のように記してある。

> 　指導案の検討は，各ブロックで行う。個人の提案をより提案性のあるものへとすることを目的とする。授業者は，本時において有効であろう教科書の活用方法について模擬授業の形式（5～10分程度）で提案する。その授業での中心となる教科書活用法を授業形式で行えば，授業の展開，問題点なども見えてくると思われる。
>
> 　参観者は，意見がある場合はできるだけ「代案を示す」こととする。ただ，意見を言うだけでは，伝わらないことが多い。代案を示すことにより，話し合いは発展的になり，成果も大きい。
>
> 　さらに，代案を模擬授業形式で行うと，さらに詳しくイメージしやすくなる。
>
> 　　　　　　　　　　　　　　　　　　　　　　　　　前掲書

　指導案検討では，授業の流れを口で説明して，ここは板書する，こんな指示を言う，ここでの発問は？　と話をするのではなく，実際に子どもに授業をするのと同じように，教師を相手に授業をするのである。

　そうすると，説明の言葉だけよりも，検討しているメンバーが授業に対するイメージを共有できる。

　さらに，実際に授業を受ける側の者達は，授業をしている教師の指示や発問がわかりやすいかどうか，はっきりと受け止められる。そのため，その言

葉でよいのか，その説明で子どもはわかるのかを考えることが容易になってくる。

　要するに，摸擬的に授業をして提案をすることで，指導案に書いてある授業の展開が明確になるように考えているわけである。

　そうすると，発問指示の善し悪しがはっきりするし，具体的な代案を考えることもできる。

　さらに，模擬授業での提案は，授業者の自信にもつながってくる。

　いつもは子ども相手に授業をしていても，同僚の教師が子ども役で授業をしてみると，言葉が出てこなかったり，ちゃんと机間指導ができなかったり，授業の流れが途切れたりしてしまうことがある。それを一度経験しておけば，実際に子どもの前で授業をするときに自信になるだろう。

　そういう効果もあって，模擬授業での指導案検討を行ってきたのである。

　提案では，摸擬授業をすることになっていたけれども，最初は，かなり戸惑う教師がたくさんいた。授業をしているのに，展開の説明をし始めることがあったり，実際には言わない言葉をたくさんしゃべってしまったり，子どもの予想される反応がなく，途中で止まってしまったりする。

　最初は，誰でもそうなるだろう。しかし，その壁を乗り越えると，教師が子ども役の模擬授業でも，普段の授業と同じようにできるようになってくる。

　これを繰り返していると，教師の授業力が向上してくる。

　実際に，一度模擬授業を経験し，代案を示してもらって，研修係がその通り授業をして見せたら，本番の授業は，今までとは別の人がやっているような授業に変わっていくことがあった。

　模擬授業での提案は，指導案の検討をわかりやすくするだけではなく，教師の授業力も変化させる力があると考えている。

　さらに，指導案の検討に参加している者が，指導案に納得できなかった場合，当然意見を述べるであろう。そんな時，ただ，

| 否定をするのではなく，極力「代案を示す」こと |

を全体で確認をしている。否定の連続では，指導案の形がなくなってしまう。

だから，修正が必要であれば，それを，模擬授業で示すようにしたわけである。そうすると批判のための批判はなくなってくる。建設的な指導案検討ができると考えている。

### 4　確認問題の導入

指導案に「1時間の仮説を明記する」ことと「本時の展開での発問指示に枠組みを入れて番号をつける」ことに加えて，もう一つ重要な申し合わせがある。

| 授業の最後に確認問題に取り組ませる |

ことである。

どんなに仮説が立派でも，どんなに授業の流れがよくても，そして，教師の発問指示が明確でわかりやすくても，子どもが活発な発言をして意見交流で盛り上がったとしても，さらに，板書も美しく，課題やまとめが明示されてわかりやすい印象があったとしても，それは，仮説を検証したことにはならない，ということを基本にすることを考えたのである。

その1時間の算数の授業で子ども達が学んだこと，練習したことなどが，身についているかどうかを確認する必要がある。その確認の方法はいろいろあるだろうが，最終的に

| 子どもができるようになったかどうかで判断 |

するべきである。板書したことをノートに書いているかどうか確認したり，まとめを発表させて，その時間の目標が達成できたかどうかを確かめたりする方法はある。

しかし，学級に児童が40人いれば，時間的に難しい場面が想定される。さらに，「発表をした子は，理解できている」と判断できたとしても，発表をせずに聞いていた子達は，理解できたのだろうかという疑問が生じてくる。黒板で解き方を説明した子の意見をまとめて，教師が板書をし，それをノートに写したとしても，ノートに写したかどうかの確認が必要だし，写したとしても，理解できているかどうかの判断は難しい。

であれば，子どもがその時間の学習内容を理解しているかどうかをはかっ

ていく必要がある。
　聞いていただけでは，わかったことにはならない。
　発表したとしても，いざやってみると間違えることもある。
　ノートに解き方のまとめを書いたとしても，それを使えるかどうかははっきりしない。子どもが本当にできているかどうかを確認するにはどうしたらよいかを検討する必要がある。
　そこで，本校では，
　授業の最終場面で教科書に掲載されている問題に取り組ませる
ことを全ての授業で必ず実施することとして全体で確認をした。
　これは，「研修提案文書」にも明記してある。
　問題数は少なくてもよい。とにかく，最後の問題を児童自身で解くことによって，その時間に学習したことが身についているかどうかを確認するわけである。
　その取り組ませた問題については，教師が子ども一人一人のノートを見て，丸をつけてやったり，子どもに板書させて，できたかどうかを確認したりする。そうすることで，その時間に学んだことが「わかったか・できたか」を見取るわけである。
　指導案はできるだけシンプルにして，見やすく，わかりやすく，そして，成果を確認ができるように共通理解を図った。
　これは，非常に重要である。この最後の問題は，時間がなくてできない場合がある。研究授業の場面ではそういうこともあり得る。しかし，この確認問題までたどり着かない授業の場合は，計画の段階で無理があったと言うことになるばかりではなく，その授業での教師の指導が有効であったかどうかを検証できない。だから，
　「今日の授業では，仮説の検証を確認できなかった」
という結論で検討会を締めくくることになる。
　確認問題を指導案に明記すること。さらに，その確認問題がその時間の評価基準になること。それは，指導案の本時の評価基準に明記されることにな

る。

　研究授業では，この確認問題まで進めることが必要である。当たり前であるが，授業とは，目標があって，その目標を達成するための学習活動があり，その活動で子どもができるようになったかどうかを確認することが必要である。

　その確認を，授業後に検討することを前もって申し合わせている。

### 5　ポイントをしぼった授業反省

　指導案を検討し，その後研究授業が行われる。授業が終われば反省会である。授業後の反省会については，以下のように確認している。

| 授業の反省や仮説の検証をする際には，以下の二つのことを意識する。 |
| --- |
| 　子どもの事実 |
| 　教師の強い強い実感 |
| それ以外の思想や主義主張を基準とした評価の方法をとらない。 |

　このように確認をしておくと，一つの指導法に偏った意見や考えは言えなくなる。世の中には，様々な指導法や主義主張がある。教師個々人の好みで，「この方法はよい」「これはだめ……」と授業の前から指導案の批判をしたり否定をしたりするのでは，せっかくの授業の有効性を確認することができなくなる。「算数の授業はこうあるべき」という考えではなく，指導案に記された方法によって「子どもができるようになったかどうか」で，授業を検討するべきである。そんな考えを事前に申し合わせておいた。

　教師が授業で考えるのは，いつも

| その授業で子どもができるようになったかどうか |
| --- |

であり，それ以外は2番目3番目の考えになるのではないか？　だから，研究授業の反省では，子どもの事実・授業の事実をもとにして，反省や検討を行うべきであると考えている。

　そして，これは，研究授業を離れた日常の授業であっても，常に意識をして指導をするべきことだろう。子どもの学力を形成するためには，常に意識

して指導に当たるべきだし，それが，自分の授業を評価する方法である。
　したがって，授業の反省会は，きわめてシンプルになってくる。
　以下，研究授業反省会の提案である。

> 　反省については，できるだけ授業公開日に行うようにする。反省の中では，参観者メモをもとに，次の点について協議し，明らかにすることが求められる。
> 　①本時における基礎・基本は何であったか。
> 　②本時における教科書活用方法は何であったか。
> 　③①を身につけさせるために②は有効であったか。
> 　④③のことは何を根拠としているのか。
> 　⑤その他（授業に関わること，教師の力量に関わること）

　反省会は，授業の行われた教室で開催する。可能であれば，授業での板書等を残したまま反省会を開始するようにしている。
　参観者は，次の２点を授業中にメモ書きをする。

> １　研究に関して
> 　　授業の仮説の検証，および教科書の活用の有効性など
> ２　研修に関して
> 　　授業の技術，教師の指導の方法，発問指示の善し悪し

　「１」は，研究テーマに関することであり，ここの検証が一番重要である。反省会では，この欄に記入されたメモを中心に話し合われる。１時間の授業の仮説を検証し，有効であったかどうか話し合うのである。
　「２」は，研修的内容である。教師の力量を伸ばす，指導力，授業力の向上を目指す内容にあたる。
　授業の公開をした場合，授業研究なのか研究授業なのかで反省会の持ち方は変わってくる。
　授業研究は，授業の研究であり，授業の様々なことが話し合われてよい。当然，授業に関係することが全て対象となり，話し合いは多岐にわたる。発問指示の善し悪し，教師の立ち位置や姿勢，板書の見やすさ，子どものしつ

けや教室環境までが対象になることもある。

　研究授業では，研究のテーマの検証が中心であるから，テーマに沿った授業であったかどうか，そして，仮説は有効だったかどうかを検討する。学校の研究は，研究授業で検証をしているわけだから，反省会では，前述の「1」についてのみ話し合えばよいのである。

　従って，その点だけに絞って話し合いをすると，それほど時間を要しない。先に記した協議の流れ①～⑤について，全体で確認をしていけばよいのである。そうすると，大きな意見の食い違いや対立はなくなってくる。シンプルで明快な反省会となってくる。そして，その話し合いでは，子どもの事実で検証されていくことになる。

## 6　児童へのアンケート

　研究推進に当たっては，「研究授業」と「日常の授業実践」が中心である。

> 研究の中心は研究授業および日常の授業実践とする

と記してある。

　研究授業については，指導案検討・授業・反省会にて成果を確認することができる。

　しかし，

> 研究授業だけでは，「わかる・できる」授業を達成できたか検証できない

と考えている。年に一度の研究授業だけで「わかる・できる」授業ができましたというのは，あまりに根拠が少なすぎる。教師全員が授業をしたとしても，それぞれの学級で「わかる・できる」授業になっているかどうかはわからないというのが正直なところである。

　従って，研究授業に加えて，その延長線上にある「日常の授業実践」も研究の中心に据えたのである。

　日常の授業の充実こそが児童の学力を安定させる。研究授業は，その研究の仮説を全体で検証するために必要である。その仮説を活かして，子どもに実力をつけることが日常の授業実践となってくる。

従って,

> 研究授業と日常授業は,常に関連性を持たせる

ことが必要になってくる。研究授業は,特別な授業ではなく,日常授業の延長線上に位置づけるような研究でなければ,子どもの学力を安定的に保障することができない。研究授業は,普段の授業を基本に,「指導案を書いて」「参観者が存在」し「事後検討会で反省」をすることが加わっただけ……という認識で取り組むように考えているわけである。

研究授業の延長線上にある「普段の授業」「日常の授業」がわかる・できる状態でなければならない。

しかし,それを事実で測定をする方法は難しい。その難しい「普段の授業」の事実を探る方法を考えた。

その一つが,

> 算数授業に対する児童のアンケート

である。時期と回数を考えて,授業に対するアンケートを採ることにした。

まずは,年度の初めに,算数の授業について児童全員にアンケートを採る。

質問は大きく二つで,「算数の勉強が楽しいと感じるか」と「算数の勉強がわかるかわからないか」である。

これと同じ質問を,年度末にも同じようにアンケートを採るのである。

そうすると,学級で「算数の勉強が楽しいか楽しくないか」「算数の勉強がわかるかわからないか」の傾向がつかめる。授業の反省にも使えるし,教師の指導の反省にも活用できる。そして,日常の授業の評価としても参考になる。

> 4月と12月に同様のアンケートを行う。
> 児童の算数科に対する意識の変容をとらえて,日常実践の反省としてとらえていく。
> 特に,4月の段階で「わからない」と答えた子については,追跡調査をする。
> 研究授業でも,指導案の中に明記をして対策を考えていく。

> 「わからない」という状態が常に続いていたのでは，テーマに到達しないことから，この層の児童にしっかりとスポットを当てて，研究を進めていく。

　このように，研究授業だけではなく，児童の学習への理解度や期待度についてはかっていくわけである。そして，研修を続けて取り組んだ年度末に，再度同じアンケートを採れば，研究の成果の一部に加えることもできるようになる。

　12月実施のアンケートは，以下の通りである。

---

算数　実態調査

　　　　　　　　　　　　　　　ねん　くみ　ばん　なまえ

今年，先生たちは「全員がわかる・できる算数の授業」を目指して勉強を進めていきます。そこで，4月から今までで皆さんが感じている算数の授業について教えてください。次の質問には正直に答えてください。

（1）あなたは，4月から今までで算数の勉強が楽しかったですか。次の中から選んで○をつけてください。

　　①とても楽しい　　②楽しい　　③楽しくない　　④全然たのしくない

（2）それはなぜですか。理由を教えてください。

（3）あなたは，4月から今までの，算数の勉強がわかりましたか。次の中から選んで○をつけてください。

　　①よくわかる　　②わかる　　③あまりわからない　　④全然わからない

（4）なぜそう思いましたか。理由を教えてください。

---

## 7　単元テストによる成果の確認

　日常の授業の成果を計る手段として実施しているのが，業者テストの集計である。全ての学年で，単元ごとのテストを実施している。評価のためのテストであり，教師の指導の反省にも使われる。

　このテストは，その単元で指導したことが子どもに理解されているかどうかを計るものであり，その単元の学習に関しての子どもの事実を表している。

　この単元ごとの業者テストで90％をとらせたい。9割以上ができて，「わかった・できた」ことにするという基準を設定したのである。

「授業がうまくいった」，「子どもたちの目が輝いていた」，「意欲的に学習に取り組む様子が見られた」，「意見が活発に出されて上手に話し合っていた」……などというような，抽象的で何とでも理解されるような言葉で研究の成果を測ってはいけない。
　「子どもの事実」で成果を確認していくことが必要である。
　このテストの集計は，そのための一つの方法である。
　単元の学習が終わり，その単元でどの程度できるようになったかテストを実施する。当然，出来不出来があり，よく理解されているところや不十分であったと思われるところがはっきりしてくるだろう。
　テストには点数をつけて返却する。そして，教師は評価のために点数を控えておく。
　その児童一人一人の点数を，そのまま職員室の共有フォルダに置いてある「算数テスト集計」の一覧に記入する。全員分の点数を記入し終えたときには，平均点が表示される。さらに，学級の児童の通過率を計算するようになっている。満点に対して100％〜90％の通過率の児童が◯名89％〜80％の児童が◯名……と計算される。
　これで，学級全体がどの程度の出来だったかを判定する。
　この「算数テスト集計」は，職員室の教師用のパソコンから誰でもアクセスができるようになっているため，どの学級のどの単元の出来がよくて，どの単元でつまずいていたかがはっきりとわかるようになっている。
　さらに，誤答の多かった問題についても記入する。
　そうすると，子どもの実態にも教師の指導の反省にもなる。
　提案文書は，以下の通りである。

**業者テストの集計と誤答傾向の集約**
　全ての単元のテストについて，通過人数を集計する。
　最終的に学級全員の子が90％以上で通過することを目標とする。
　また，90点を下回る場合については，その誤答傾向を文章で記入する。授業で指導の不足していたところ，定着の悪かった部分を整理しておく。

> また，この資料を次年度の学年が指導の参考にするために記録として残しておく。
> <u>さらに，90点に到達しない児童とアンケートの「わからない」という児童の相関関係も調べることにする。</u>
> この子達がなぜできないのか，児童も気がついていない学習に取り組む上での「困り感」を感じているとしたら，何なのかを掘り下げてみる必要がある。

点数を集計することと，児童のアンケートの関連も考えられる。

上述するとおり，アンケートとテストの点数を比較してみると，子どものアンケートがどの程度その子の実態を表しているのかがわかってくる。

テストの点数がよいのに，アンケートで「わからない」と答えている場合もあるし，その逆もある。

このアンケートとテストの点数の実態比較は，子どもの心理を多少なりとも掘り下げることができる。

また，誤答の部分を記入しておくことで，次年度，その学年を担任した者が前年度の記録を参考にすることも可能である。

この単元テストの集計で，日常の実践に緊張感が生まれ，日常的に研修テーマを意識することにつながると考えられる。

## 8 研究の日常化を意識した『仮説検証レポート』の作成

研究授業が終われば，その年の研究が終わり……という感覚を持ってしまうことがある。確かに，年に一度の授業公開をするというノルマは果たしたかもしれない。しかし，研究はノルマではないし，ノルマを果たしたからと言って終わりではなく，研究のテーマは日常にも活かしていくことが大事である。そうでなければ，研究授業と日常の授業は，いつまでたっても別次元であり，関連性を保てなくなる。

そういうことを考えて，児童のアンケートを採り，単元テストの集計をしている。そのように意図的に教科書活用の研究を継続的に取り組むように計

画を立ててきた。

　授業づくり，もしくは実際にやってみた自分の指導事例を検証する……レポートにまとめることを提案した。

　1年間を通して実践した研究のテーマに対する記録を，年度末に一人1レポートとしてまとめていく。日常の実践については，担任，専科，TT および全員が個人研究となる。授業をしている担任，および TT，算数以外の専科であっても，教科書を活用した授業実践をする。その中で，どの指導がよくてどんな指導がわかりづらいのか，何が有効で何がうまくいかないのか，日常の中での気づきや授業反省後の変化についてレポートを作成する。A4 1枚程度がよい。

　まとめる際には，可能な限り具体的な事実でもって報告をすることとする。
　このレポートについては，後半に掲載をしている。

　このように，様々な取り組みを通して，日常の授業の充実を図り，研究授業で得た成果を日常に活かせるように計画をしていたわけである。

### 9 ICT機器の活用

　教科書を活用する時，これをもう少しわかりやすくできないかと感じることがある。まだまだ，デジタル教科書を活用できる環境になかったので，それを活用することもできなかった。

　しかし，パソコン，テレビ，プレゼンテーションソフトを使って，教科書を拡大したり，動かしたりできるようなサイトを作ってみた。

　また，タブレットの写真機能を使って，教科書を拡大して提示し，そこに書き込む様子を見せることも試してみた。

　実物投影機で教科書を拡大して見せることも考えた。

　様々な機器の活用も授業中に考えられる。

　ただ，全てICT機器を使って授業をする訳にはいかない。そうすることも不可能である。時間的な制約もあるし，単元によっては，ない方がよい場合だって考えられる。

ただ，目的は，

> 子どもが「わかる・できる」ようにすること

である。ICTを使うことが目的になるのではない。どんな場面で活用をするべきなのかを検討する必要がある。さらに，これも，研究授業だけではなく，日常の授業で活用するためにはどうするべきかを検討する必要がある。

そういう意味から，ICT機器に関する研修もあわせて行っていく必要がある。

ICT活用の研修ではなく，どの場面でどんな方法でICT機器を活用できるかの検討をしていくのである。

さらに，パソコンの活用方法を苦手とする教師にも，使い方を学ぶ機会と使う機会を設定していくことも必要と考えられる。

ICT機器の授業中での活用については，以下の堀田龍也氏の意見を参考にさせていただいた。

> 新しいICTやテクノロジーは，これからもどんどん教育現場に入ってくるでしょう。しかし，"原点"を見失わないようにしてほしい。
> "原点"さえしっかりとおさえておけば，どのような新しいICTが入ってこようとも，子どもたちの力を伸ばせるICT活用を行えます。
> 堀田龍也（玉川大学大学院教育学研究科教職専攻（教職大学院）教授）
> 「ICT機器活用に関する見解」

その"原点"は何か……原点を明らかにしていくことが必要であると考えていた。しかし，授業の反省会などで話し合ったり，新たな情報を交流したりしていく必要を感じている。

ICT機器が日常で使えるようになっていけば，効率的な授業が可能になることも考えられる。

## 10　ノート指導の徹底

授業ではノートを使う。教科書と共に学習の記録をとったり，練習問題に取り組んだりするのに有効なのは，あくまでノートである。研究授業では，

よく自作のプリントを使って授業をする教師がいるが，本校では，ほとんど皆無である。

　ノートの活用は，子どもの学習の日常である。普段は毎日毎日ノートを使って学習をしているのに，研究授業の時だけは，教師自作のプリントを使うことには，あまり意味がないと考えている。なぜなら，研究授業が「非日常」となってしまうからである。それは，教師にとっても子どもにとっても同じである。

　日常授業を意識して研究を続けているのに，研究授業だけが日常ではなくなると，当然，研究に意味が持てなくなってくる。そんなことを考えて，日常使っている教材教具を使うことが大切だと考えている。

　そのノートをわかりやすく，美しく書くことを指導する。

　美しいノートは，振り返りができ，それが学力を安定させることにつながると考えた。

　日常の授業と研究授業とのつながりは，教師だけではなく子どもの学習の方法も同じようにするべきであり，そうすることで子どもはいつも安定した日常的な学習に取り組むことができる。

## 11　教科書のチェック

　教科書を有効に使うことの一つに，教科書の練習問題にできるだけ取り組み，教科書の問題を解けるように指導をすることが大切である。

　どのくらい問題に取り組むかと言えば，教科書全ての問題である。

　さらに，どうやって取り組ませるかと言えば，解いた問題が全てノートに書いてある状態にすることである。

　全ての問題がノートに解いてある。こうなれば，その学級の子どもたちはかなり鍛えられたことになるし，どの子も教科書レベルの問題は解けるようになる。そして，テストをやった時には，テストで9割を超えられる可能性が出てくると考えられる。

　指導したけれど子どもたちはできなかった……では，目標はいつまでたっ

ても「絵に描いた餅」状態である。正しい答えがノートに書いてあるように指導をして，「間違いは正しく直す習慣」をつけるのである。

ところが，どれができた問題で，どれが間違った問題だったのかを忘れてしまう。そうすると，間違った問題はそのままとなり，間違ったまま時が過ぎていく。それでは，なかなかできるようにはならない。

そこで，「できた」「できなかった」を区別することが必要になる。教科書の問題にチェックマークを記入するとよい。これが教科書チェックである。問題が解けた，正解だったと言う場合は，問題番号に×印を書き込んでいく。

不正解だったりできなかったりした場合は，×の代わりに○で囲む。その問題は，後日，子ども自身でやり直しに取り組み，教師に正解と判断されたら，問題ができた時と同様に，できなかった印の○の上から×をつけてチェックを入れる。日付もつけておけば，いつ正解になったかが，教科書の日付とノートをつきあわせることではっきりする。

このように，教科書の問題を隅から隅まで使っていく。子どもは教科書の全ての問題に取り組んだ，さらに，全ての問題が正解だった……となると，自信を持つようになる。頑張ったな，できたな，できるようになったな……と感じるはずである。この自己肯定力を持たせて，それを次の学習への意欲につなげていくのである。

この教科書チェックについては，後述する「研究通信」の中で，学級で取り組むようにお願いしている。

## 12 「困り感」を抱いている子へのアプローチ

単元テスト90点以上という目標は，かなり難しい。学級の平均が90点以上になることはある。しかし，児童全員に90点を超えるように指導をすることはかなり困難である。

しかし，90点を超えないことを児童の責任にはできない。当然，教師の指導での改善点を見つけるべきである。

そこで，テストの分析の反省に，90点を超えない原因を考えることにした。

さまざまなことが考えられる。
①指導の不十分な点があった。
②指導をして理解させたつもりでも，定着ができていなかった。
③授業で理解をさせたはずなのに，問題を解く時に適応させることができなかった。
④理解も問題適応力もつけたのに，問題の読み違え，数字の読み違え，基本計算のミスなど，ケアレスミスをしてしまうことが見られた。
⑤その学年の学習をするための既習事項が未定着であった。
⑥その他の原因があった。

以上のことを反省する時には，例えば，以下のような項目で振り返ってみることが必要になる。

①学級全体が同じ問題を同じ箇所で間違っているとしたら，それは，指導が不十分であると考えられる。

②授業で理解させたつもりになっていたと言うことは，理解したかどうかの確認が足りなかったことが考えられる。さらに，理解させたことを確認したのに，できなかったのであれば，理解が定着したけれど，それを使って問題を解く練習が不足していたことが考えられる。

③問題を解く時の適応力が不足していると言うことは，教科書の学習とテストの問題の関連性が低かったことが考えられる。使っている教科書に準拠したテストであったのか，もしくは，テストに掲載された問題が適切であれば，その問題に適応できるだけの指導が不足していたことが考えられる。

④ケアレスミスを防ぐ指導を日常の授業で行っているか。ミスを防ぐための対策をとる必要があることが考えられる。

⑤既習事項の未定着が見られた時，そこを含めた指導ができていたか。例えば，定義について理解不足であれば，そこも含めた指導をしてきたか。本時の学習に必要な基礎基本的な内容を復習しつつ授業がなされていないことが考えられる。

⑥その他，児童の実態に，学習を進める上で困っている状況があることが

考えられる。

　できないことを子どもの実態に原因を求めても仕方がないので，教師自身が指導している時に，足りない何かを見つけるために，上記のような問いかけを研究の反省に提案をした。

　しかし，算数の学習に対して子どもが「困り感」を抱いているのではないかという印象は，どの教師も持っている。

　そういう「困り感」を抱いている子であっても，やはり90点を取らせてやりたい。その「困り感」に対して，教師はどのようにアプローチをしていくのか。

　特別支援教育についても学んでいく必要が生じてくる。

　学校内のコーディネーターとも相談をしたり，係からの研究通信で，アプローチの仕方について提案をしたりしてきている。

　研究通信の一部を紹介する。（文体は敬体）

---

研究通信　No.16　2013／08／21

1．

　教科書を使って指導をしていると，「答えが載っている」とか，「やり方が書かれている」とか言われます。だから，子どもが考えなくなると言う方を聞いたことがあります。

　確かに言っていることは正しい感じがします。

　ただ，よく学習ができる子にとっては，その考えは当てはまるかもしれません。自分から考えて，自分で解いていくことができれば，これに越したことはありません。

　世の中の……全ての学級で全ての子がそういうレベルであればよいと思います。

　しかし，そうでないことは皆さんすでに経験をしているはずです。

　常に，教科書は学習を進める上でのガイドです。途中で話を聞けなかった子，ぼんやりしていた子でも，教科書があると，今どこをやっているかを見つけることができます。

昨日やったばっかりなのに，1日たつと忘れてしまう子にとっては，わからなくなったときに読み返す，忘れた時に戻って調べる，ことが可能です。
　全ての子に当てはまるわけではないのですが，全ての子をできるようにするには必要な方法だと思っています。
２．
　休み中にこんな本を読みました。読んだと言っても，3回目かな？？
　家には2冊あって，そのうちの綺麗な方を読みました。
　はっきり言って名著だと思います。
　特別支援学級の担任だけではなく，どの教師も読むべき本ではないかと思います。
　なぜなら，昨年度の文科省の調査では，学習面又は行動面で著しい困難を示すとされた児童生徒の割合が平成14年に行った調査においては6.3％で，今回の調査でも推定値6.5％という数値になっています。
　　　　平成24年12月5日　文部科学省初等中等教育局　特別支援教育課
『通常の学級に在籍する発達障害の可能性のある特別な教育的支援を必要とする児童生徒に関する調査結果について』という結果が出ています。
　世間的には，この数字はもっと多いのではないかという憶測まであります。
　　6.5％……6年竹組　34名
　　　　　　およそ2名〜3名
にあたります。
　統計の数字をそのまま当てはめることは重要ではなく，子ども個々人の発達の凸凹に対応することが必要なことだとは知っています。知っていますが，この調査から考えて必ず学級に「困っていると感じている」子が存在すると考えた方がよいというのが，今の特別支援教育の考え方だと思います。

それを前提にしたとき，こういう子が不安にならないような指導が必要になるでしょう。
　『全員をできるようにさせる』となれば，「困っていると感じている子」への配慮なしに指導はできない……と考えます。
　この本には，具体的な事例を元に，どんな困った子がいて，どういう指導・配慮をしたら効果的だったかという話がたくさん載っています。
3，
　例を出しましょう……。
　考えてみてください。
問1
　遠足が終わったあとに，「遠足について作文を書く」という課題が出たそうです。
　ところが，ある子は，パニックになって全く遠足の作文が書けませんでした。
　その子の特性を予想してください。
問2
　その子に，ある言葉をかけてアドバイスをしたら，あっという間に作文を書き上げました。
　何と言葉がけをしたのでしょう。
問3
　学習障害が疑われる子達に普通の計算のプリント（ドリル）をやらせたところ，全くできなかったが，ある先生がちょっとした工夫をして問題を与えたところ，半数の子は課題に取り組めるようになったそうです。
　さて，この先生は，どんな工夫をしたと考えられますか？
　これらの問題から派生して，漢字の学ぶ順番について以下のような話を聞きました。
問4
　ある子は，とてもこだわりの強い子でした。漢字カードを好んで見て

いました。「鷺」とか「鷲」とか「鳩」とかの難しい漢字は，読めるのに，「鳥」は読めませんでした。

その原因を考えてください。

こんな問題……わからなくてもたいしたことではありません。

できなくても全く問題ないのですが，知っている方がちょっとだけ役に立つ程度です。

先ほどの本には，発達障害の児童の指導で必要な学校への要望もあり大変勉強になりました。事例が具体的なので，読んでいる途中に，現在過去に担任した児童の顔が思い浮かび，自分の対応のまずさと間違った指導をしてきたことを反省しました。

4，

教科書を活用して指導をすることで，ある程度発達の凸凹に対応ができます

なぜなら，教科書には，考えるべき問題が記載されています。考えるヒントも記載されています。そして，教師は，問題文を読んで聞かせ，子どもにも読ませます。これだけでも，子どもは，問題の情報を視覚で確認し聴覚で認識し，そして，自分でも読む活動でさらに確実に状況を理解できる可能性が高いわけです。

前述の「3」の事例を理解できれば，その効果は納得できるのではないかと思います。

その教科書をただなぞるだけではなく，できるだけ効果的に活用して子どもたちをできるようにさせたいと言うのが今年度の研修で狙っているところです。

5，

ところが，教科書を使ってきちんと指導をした。

授業の時には，できている手応えがあった……みんなわかった顔をしているし，問題も良くできていた。

しかし，いざテストをしてみると，あまり成果が見られない。どうし

> てこれを間違えるのかな?? 授業中にはこれに類する問題ができていたのに……と言うことが私には多々ありました。
> 　みなさんはどうでしょうか??
> 　こういう現象が起こる原因を様々考えてみました。
> 　結局定着していない,自分の力になっていないと言うことです。だから,テストではできないわけです。
> 　そこを何とかしたい……これも教科書をうまく活用して解決できると思っています。

　このような通信を不定期に発行してきている。全体で集まって研修を深めることは年間に10回程度。それでは,なかなか情報共有ができないことから,通信という形で職員室でのコミュニケーションを図っている。これも,研究の日常化に一助を果たしている。この「困り感」を持っている児童をどうするのかという視点は,常に意識をしていく必要があるので,上記のような通信が情報を共有する役割を果たしている。

## 第2章 全員がわかる・できる算数の指導案&授業づくり

### 1 日常授業の指導案・授業づくり
### 1年「のこりはいくつ」

#### 1 指導案

(1) 「のこりはいくつ」

(2) 単元について　省略

(3) 児童の実態

○意欲的に学習に参加している。ノートに書いて学習できるようになり，自分の考えを書いたノートを使って，説明することができるようになってきた。

○一斉指導の中で問題場面が理解できない子，個別に聞かないと不安で取り組めない子がいるため，TTと連携し，個別に対応している。

○算数のテスト

|  | 90％通過人数 | 80％通過人数 | それ以下人数 |
| --- | --- | --- | --- |
| ぜんぶでいくつ | 30名 | 1名 | 0名 |

○算数アンケートでは，楽しいと思っている子が多い中，1名が楽しくないと回答。入学当時だったので，数字を書くだけだからという理由であった。よくわからないと答えたのが5名。数字の書き方を難しく感じていた，おしゃべりしていて話を聞き逃していた，自信がなく手を挙げられない，いくつといくつと見つけるのが難しいと感じる等の理由だった。

(4) 単元の目標　省略

(5) 単元の評価基準　省略

(6) 指導計画　省略

(7) 本時の指導（6／8）

①本時の目標

○0を含む減法を理解する。

②本時の授業仮説

○ノートに○をかいて，食べた数だけ線で消し，さらに指で隠して，視覚に訴えることで，どんな数から0をひいても数が変わらないこと，同じ数どうしの減法の答えは0になることが理解できる。

③本時の評価規準
○0を含む減法の意味を，具体的な場面をとおして考えている。
○0を含む減法の意味を理解している。

## 2 授業の場面

「おさらのうえにいちごが3こあります」
「1こたべると……」「2こたべると……」「3こたべると……」
「たべないと……」「のこりはなんこでしょうか？」

この授業は，ノートに○の図をかいて，どの子も問題場面を理解できるように取り組んだ。さらに，
　①ノートに○の図をかく。
　②食べた数だけ線で消す。
　③さらに指で隠して見る。
という3段階で，数が減る様子を視覚に訴える指導法で授業を進めた。答えを導くことには，大変有効な手段ではあった。しかし，立式する際に，難しさを感じる子がいた。もっと，言葉の式（はじめに○こ）－（△こたべる

第2章　全員がわかる・できる算数の指導案＆授業づくり　45

と）＝（のこりは□こ）と，考え方と，ひき算の式を結びつける声かけがあるとよかったと反省している。

### 3 実物投影機の活用

　問題の場面を把握する際に，実物投影機で，教科書の挿絵を大きく映し出し，「いちごをたべているね」「のこりは，なんこになるだろうね」と，絵を見ながら整理していった。

　さらに，自分の考え方を交流する場面でも，実物投影機を活用し，ノートに記した考え方をテレビ画面に映し出し，説明させた。

　児童は，言葉だけより，自分でかいた図を役立て，「～だから～と考えました（答えを求めました）」と説明するほうが，よりよく伝わることを実感している。答えを求めるための図，考え方を伝えるツールにもなる図。考えを整理するための図。実物投影機は，その図を，大きく映し出すことができるので，今までのように，もう一度黒板にかき表すより時間を短縮して交流でき，大変便利に感じて利用している。

　今回は，「いちごが3こありました。（と，○の説明）3こ食べると，（自分の手で隠して）全部なくなりました。だから，のこりは，0こです」と
　説明していた。

　このように，考えを図に表すことは，問題を整理するのには，大いに有効だと思われる。

### 4 反省

　授業の場面でも書いたが，答えは求められても，なにも食べない時にどのように立式するとよいか，戸惑う子がいた。難しさを感じる子に対しての手立てが必要であった。

　板書の写真のとおり，授業全体の流れがわかるように配慮をした。1年生の実態に合わせたつもりでいるのだが，内容的に多すぎたのかもしれない。

　戸惑いのある子には，焦点化した情報の提供が必要に感じられた。

# 2　2年「たし算とひき算」

## 1 指導案

（1）「たし算とひき算」

（2）単元について　省略

（3）児童の実態

○計算問題は好んで行う子が多いが，計算ミスが多い子，作業や理解に時間がかかる子，算数に苦手意識を持っている子などが見られる。（省略）

○算数の学力的には，標準学力検査の結果から……（省略）

○算数のテスト

|  | 90％通過人数 | 80％通過人数 | それ以下人数 |
| --- | --- | --- | --- |
| たし算 | 27名 | 3名 | 0名 |
| ひき算 | 30名 | 0名 | 0名 |

○アンケートや過去のテストから配慮すべき児童の特徴

A　準備や作業が遅く，理解するまでに時間がかかる。

B　理解するまでに時間がかかるので，丁寧な声かけが必要。

C　理解力はあるが，指示に従えず暇を与えると遊び始める。

D　真面目に取り組むが，指示が入っていないことがあり，注意が必要。

E　理解するまでに時間がかかるが，作業は丁寧。

（4）単元の目標　省略

（5）単元の評価基準　省略

（6）指導計画　省略

（7）本時の指導（7／10）

①本時の目標

○百の位から波及的に繰り下がる減法ができる。

②本時の授業仮説

○教科書の図に書き込んだり，ブロック操作を見たり，パターン化した筆算の手順（アルゴリズム）を唱えたりすることで，計算の仕方を理

解し，解くことができる。
③本時の評価規準
○百の位から波及的に繰り下がる減法の計算の仕方を理解している。
○百の位から波及的に繰り下がる減法の仕方を考えている。
④本時の評価基準
○教科書れんしゅうもんだい7ができる。

## 2 授業の場面

①これまでに「4．ひき算」の単元で，教科書のブロック図と実際のブロックの操作を見ながら，パターン化した筆算の手順を唱えながらひき算の筆算を学習してきたが，この場面でも同じようにブロック操作と関連づけて，筆算を行っていく。アルゴリズムを唱えることは，過去の本校の研究でも有効とされており，ただノートに計算をさせるだけではなく，その計算の手順を唱えること，友だちが唱えているのを聞くことで，計算の手順を共有化できると考えられる。それは，計算ミスをする児童には，安定した計算につなげられると考えられる。

②黒板にブロックを貼り，前時の計算と違うところを確認する。その時，筆算とブロックを比べながら確認していく。ここでは，十の位が空位の時どうしたらよいかということを全体で確認する。

次に，黒板のブロックを操作して考えていく。子ども達からは，当然のように百の位から借りてくるという言葉がでてきた。そこで，今までのパターン化した筆算の手順を唱えながら，ブロック操作をしていく。今までの手順がわかっていれば，十の位に10（10本）が繰り下がることが，ブロック操作を見ることによって具体的に理解できる。

③最後に，黒板のブロック・教科書のブロック図を比較しながら，実際にノートに筆算をしていく。この時，補助数字を書くなどして，繰り下がりの処理をしっかりと行わせたいので，実物投影機を使用しながら，筆算を行う。担任が，実際に子どもと同じノートにブロックで行った操作と比較し，手順

を唱えながら書いてみせる。その時に，教科書のブロック図にも書き込みながら進める。

④筆算の仕方を長々と説明するのではなく，ブロック操作と図の書き込みをタイアップしながら筆算の仕方を唱えていくことで，なぜこういった手順になるのかを理解することができる。

## 3 反省

　十の位が空位になっていて，繰り下げられない時，どうするか……という場面で，もう少し時間をとり，いろいろな子に操作させながら，じっくりと考えさせるとよかった。空位の部分は，その上位から繰り下げると言うことを視覚で見せることはできたと思う。ただ，定着していないのは，操作活動が少なかったのだろう。全員の操作を保障することは大変難しい。黒板で操作を見せたとしても，それでは不足をするだろうし，全ての児童に操作をさせても時間が足りないことと，操作が正しいかどうかの確認ができないことが考えられる。ここは，視覚に訴えるのと同時に，アルゴリズムを何度か唱えて，視覚以外の認知を活用するのがよいように感じられる。

　練習問題のところでも，個々人が唱えながら計算をする時間を保障して，何度か空位の計算に慣れさせることも必要だったのだろう。そういう意味では，この時間に全てができるようにするのではなく，次の時間，その次の時間にも続けて確認をしていく必要があると思われる。要するに，この1時間だけで終了するのではなく，単元が終わるまでに身につけられるように教師側で配慮をしてやればよいのだと思う。

　授業の最後に，パソコンでスムーズなブロック操作を見せた。教科書の図を取り込み，パワーポイントでブロックが動く様子である。これは，本時の学習をまとめた形になっている。ブロックが動く様子を見る，そして，その動きに合わせて，今日の学習した計算方法を唱えることで，筆算との比較がさらに深まったようだ。

　ICTの活用は，授業の最終場面でも有効であると考えられる。

# 3 3年「わり算」

### 1 指導案

(1) 「わり算」

(2) 単元について　省略

(3) 児童の実態

　○作業の差が大きい学級である。(省略)

　○算数の学力的には，標準学力検査の結果から……（省略）

　○算数のテスト

| | 90%通過人数 | 80%通過人数 | それ以下人数 |
|---|---|---|---|
| かけ算のきまり | 25名 | 3名 | 2名 |
| たし算とひき算 | 13名 | 13名 | 4名 |
| 時刻と時間 | 12名 | 10名 | 8名 |

　○アンケートや過去のテストから配慮すべき児童の特徴

　M／T　準備ができない。作業が遅い。全体のスピードを落とす。

　S／K　やりたくない。学習以外のことに興味があり，取り組まない。

　K／F　落ち着きがなく，暇になると遊び始める。

　Y／K　字が乱雑。

　T／Y　他人のしていることが気になり，学習に集中できない。

　K／M　特に問題はないが，自信を持たせる指導が必要。

(4) 単元の目標　省略

(5) 単元の評価基準　省略

(6) 指導計画　省略

(7) 本時の指導（6／10）

　①本時の目標

　○除数と商が1位数の除法の作問をすることができる。

　②本時の授業仮説

　○モデルとなる考え方を模倣しながらノート作業をすれば，わり算の問題をつくり，図を使って解く事ができる。

③本時の評価規準
〇除法が用いられている場面を式にしたり、式を読み取ったりすることができる。
〇式と図を結びつけて、除法が用いられる場面の数量の関係を理解している。
④本時の評価基準
〇教科書☆6たしかめ、計算スキル21ができる。

## 2 授業の場面

　この授業は、本時の授業仮説にあるように「模倣」をすることがポイントである。計算式からわり算の場面を想定して問題文をつくるのだから、やや高度な思考を要求される。その作問をする上でオリジナリティーを求めるのではなく、まずは、定型の問題文を理解し、そこから、

> 「模倣」をすることで全員をできるようにする

という展開となる。
　従って、教科書を読む、重要キーワードを見つける、教科書の問題文を模倣して書いてみる、という活動が必要になる。さらに、テープ図を使って立式することになるので、テープ図を描いてみることも必要になる。
　以上のように、ノート作業がとても重要な活動である。テープ図を読み取るだけではなく、作問をする上でテープ図に対する理解が必要になる。
　そこで、

> 実物投影機

を有効に使う。
　実際に子どもと同じノートに担任が書いてみせる。

その書き方も模倣する。

「教科書の図をそのまま写しなさい」という指示では，書けない子，書けても乱雑になってしまう子，正確に写せない子が数名いる。その子達には，ノートのどの辺にどのくらいの大きさで書けばよいのかを示す必要がある。

そこをスモールステップで進めながら確認をして，美しくテープ図を描く作業をさせるわけである。

教師が事前に描いた図を見せるのではなく，子どもが使っているノートと同じ物に一つずつ描いてみせる。それを実物投影機で映像として見せる。子どもはその教師の図を模倣しながら，図を正しくノートに描いていくことで図の意味を理解していくわけである。

言葉で長々と説明をするのではなく，淡々と短い作業を繰り返して行う指導をする。

こうして，図と式を関連させて，問題文の作成に導いていく。

問題文の構造は，「条件」と「問い」に分かれている。

一気に全てを書かせるのではなく，ここでもスモールステップに分けて指導をする。

---

問題から→条件を見つける→問いを考える→テープ図を描く→式

---

このようなステップを踏んで指導をしていくのである。

### 3 反省

確認の問題で子どもに自力で問題をやらせたが，一部に問題文が未完成に終わった子がいた。また，授業の発展という意味では，レベルの低い授業と指摘を受けた。まだまだ，改善の余地がある。

# 4 4年「面積」

## 1 指導案

(1) 「面積」
(2) 単元について　省略
(3) 児童の実態

○真面目に学習に取り組む。

○指示されたことは丁寧にしっかり取り組むが，自分で考えたり行動したりすることは，あまり得意としない傾向にある。

○算数のテスト

|  | 90％通過人数 | 80％通過人数 | それ以下人数 |
| --- | --- | --- | --- |
| 大きな数 | 16名 | 12名 | 5名 |
| わり算の筆算(1) | 21名 | 8名 | 4名 |
| 折れ線グラフ | 30名 | 2名 | 1名 |

○アンケートや過去のテストから配慮すべき児童の特徴

・指示を聞かず，周りを見てから行動する。

・作業が丁寧すぎて，ノートに記入する時間がかかりすぎる。

・問題を最後まで読まず，ケアレスミスを重ねる。

(4) 単元の目標　省略
(5) 単元の評価基準　省略
(6) 指導計画　省略
(7) 本時の指導（5／14）

①本時の目標

○面積の単位「$m^2$」を理解する。

②本時の授業仮説

○実物大の1 $m^2$をつくることで，1 $m^2$の大きさをとらえることができる。

○1 $m^2$と1 $cm^2$の大きさの違いを知ることで，求めるものの大きさに合わせて使い分けることができる。

③本時の評価規準
○１㎡をつくることで、１㎡の大きさをとらえることができる。
○教科書たしかめ☆５ができる。○教科書練習問題④①ができる。

## 2 授業の場面

　この授業は、既習学習である１㎠をもとにすると、とてつもなく大きな数になることに気づくことから始まる。「さて、どうしよう？」と考える児童。すると、数名の児童から「１㎡にすればいい」と意見が出る。その言葉を初めて聞いた児童は「１㎡って何？」と質問する。
　子どもの「何？」が聞けた時は、最高に嬉しい。そこで、教科書に戻り、

| １㎡とは、１辺が１ｍの正方形の面積である |

ことを伝える。

| １辺が１ｍということは、１㎠が何個並ぶかな？ |

　前時までの学習の中で１㎠は何度も並べていたので、すぐに「100個？すごい！」と驚いていた。この驚きがこれからの学習に生きると考える。
　ノートに書く、声に出す、お互いに言い合う（聞き合う）等、活動を多く取り入れて耳・手・口で覚える。ノートに書く＋αをするのは、書く時間差を埋めるため、また、視覚以外に聴覚も働かせて記憶してほしいというねらいを持っている。
　さて、ノートに書く際、本学級で大活躍するのが

| 実物投影機 |

である。実物投影機のおかげで、１マス空ける、１行空ける等の細かい指示を、言葉で言わずとも正確に伝えることができる。ただ、欠点としては、光が反射する関係で、特に午前中は画面が見えにくい児童が出てしまうことがあげられる。

全員が書き終えたことが確認できると，黙って紙を渡す。

| 1㎡をつくろう |

　作業をする上で配慮したことは，2人一組にしたことである。1人1枚では，作業の個人差が大きく，時間内で終わらないことが予想される。4人一組では，作業に参加できず何もしない児童が発生する。2人一組になった児童は，定規を押さえる，印を付ける等それぞれ作業を分担しながら真剣に取り組む。できたら，教室の端から置いていき，縦に9つ横に7つ並べる。本校の教室はそこまで大きくなかったため，つなげても重なる部分があったが，視覚としてのイメージはしっかりとらえられていたと考える。

　教科書に戻り，

| 教室の面積を求める式を立てる |

　ノートに立式させる。どの児童も9×7と書く。

| 全体で確認する |

　その後，答えをノートに書き，全体で確認。式と答えを一度に書かせないのは，全体で確認することを2項目つくらないため。あれもこれも確認すると，児童によっては混乱する場合もある。

| ☆5たしかめ→全体確認→練習問題4① |

　※練習問題4は，ノート提出にて担任が丸付けをする。

## 3 反省

　実際に1㎡をつくることで，量感をつかむことはできた。ただ，作業のさせ方については課題が残る。☆5たしかめや練習問題4でも立式で間違う児童はいなかった。この後に「m」と「cm」の混合問題も出てくるため，本時の学習が生きてくると考える。

# 5　5年「単位量あたりの大きさ」

### 1　指導案
（1）「単位量あたりの大きさ」
（2）単元について　省略
（3）児童の実態
　〇作業時間や理解力に個人差が見られる学級である。
　〇算数アンケートから 「楽しい・わかる」約80％
　　　　　　　　　　　　「楽しくない」のうち3名が「わからない」
　このことを踏まえ，わかる楽しさを与えられるような授業構築が必要。
　〇算数の学力的には，標準学力検査の結果から……（省略）
（4）単元の目標　省略
（5）単元の評価基準　省略
（6）指導計画　省略
（7）本時の指導（6／14）
①本時の目標
〇単位量あたりの大きさの意味と求め方を理解する。
②本時の授業仮説
〇教科書の図や数直線を活用することで，単位量あたりの大きさの意味と求め方を理解することができる。
③本時の評価規準
〇こみ具合の比べ方を単位量あたりの大きさの考えを用いて計算することができる。
〇教科書☆5たしかめができる。

### 2　授業の場面
　この授業は，本時の授業仮説にあるように「図や数直線」を有効に活用し，問題場面を理解するところから始まる。

問題文を全員で読み，まずは，どのエレベーターがこんでいるのかを予想させ，こんでいる順に番号をつけさせる。

次に，面積が同じ１号機と２号機のこみ具合を比較する。図の活用が重要。

| 実物投影機 |
| --- |

を有効に使う。

面積が同じで，人数に違いがあることに気づく。ここで，もう１つ有効な手段となるのが，直前に行われた宿泊学習での体験である。

布団に見立てた新聞紙を教室内に敷き，実際に

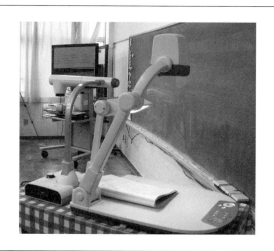

| こみ具合を体感する |
| --- |

のである。

そうして，児童は面積が同じ時は人数の多いほうがこんでいることを理解する。

さらに，人数が同じ２号機と３号機ではどうかを検証する。図を併用しながら，人数が同じ時は面積の狭い方がこんでいることをしっかりと押さえる。

では，面積も人数も違う１号機と３号機のこみ具合は，どのように比べればよいのだろうか。

ここでは，１$m^2$に何人いるかと考え立式させることとした。

どの児童にも立式させるための手がかりとして，

第２章　全員がわかる・できる算数の指導案＆授業づくり　57

図と数直線を用意

し，一人一人にプリントを配布し，書き込ませるようにした。
以下のようなものである。

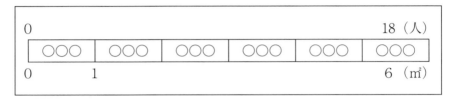

図を提示し，操作したことで，立式はほぼできていた。3号機も同様に行い，計算を終えた児童はグループ内で交流することとした。
こうして，図と式を関連させて答えを導き出していった後，人数を揃えた比較も行った。
ここで留意すべきことは，数値の大きい方がこんでいるということである。
教科書の数直線と合わせて説明したが，もう少し図や式とも関連づけると良かったのではないかと思う。

### 3 反省

前時までの確認事項をしっかりと押さえ，なおかつ言葉を丁寧に扱いたいという思いから，導入部分にかなりの時間を費やしてしまった。
その結果，確認問題にしっかりと取り組むことができず，反省しなくてはならない。
授業のテンポ・リズムを失わないこと，そして何よりも指示・発問の精選が大切になってくるであろう。
まだまだ，改善の余地がある授業だったと思う。
今後も諸先生方にご指導いただきながら，子ども達を大切にした授業づくりを目指していきたいと思う。

# 6 6年「速さ」

## 1 指導案

（1）「速さ」
（2）単元について　省略
（3）児童の実態
　○学習への集中に差があり，作業スピードの差にも影響する。（省略）
　○算数の学力的には，標準学力検査の結果から……（省略）
　○算数のテスト

| | 90％通過人数 | 80％通過人数 | それ以下人数 |
|---|---|---|---|
| 文字を使った式 | 24名 | 5名 | 7名 |
| 対称な図形 | 26名 | 9名 | 1名 |
| 分数のかけ算 | 29名 | 4名 | 3名 |
| 分数のわり算 | 15名 | 10名 | 11名 |
| 比例 | 32名 | 2名 | 2名 |
| 反比例 | 28名 | 6名 | 2名 |
| 円の面積 | 20名 | 6名 | 10名 |

　○アンケートや過去のテストから配慮すべき児童の特徴
　　I／T　作業が雑。集中力にむらがある。
　　K／S　学習に自信がなくあきらめがち。
　　O／H　作業が遅く，集中が途切れることがある。
　　A／M　集中が途切れ，理解に時間がかかる。
　　T／Y　整理が苦手。集中が途切れがち。
　　S／S　文章理解が定着不足。
（4）単元の目標　省略
（5）単元の評価基準　省略
（6）指導計画　省略
（7）本時の指導（4／9）
　①本時の目標

○速さと時間から道のりを求めることができる。

②本時の授業仮説

○教科書の図をもとに，時間と道のりの関係をとらえることにより，道のりの求め方を理解できる。

③本時の評価規準

○速さと時間から，道のりの求め方を理解している。

○教科書練習問題③，④ができる。

### 2 授業の場面

この授業は，本時の授業仮説にあるように「速さと時間の関係を表す図」の理解にある。図をもとに，速さと時間から道のりの求め方を考え説明することが本時の目標である。したがって，まず，

---
速さと時間の関係を，ノートに「数直線」で表すことができる

---

ことを，学習の中心とした。

まず，教科書を読む。速さ，時間という重要キーワードを見つける。そして，数直線に表す時に，速さは「単位時間当たりの道のり」であることもおさえることが必要になる。数直線には「速さ」そのものではなく，1時間（単位時間）あたり，何km（道のり）進んだか（進めるのか）を記すからである。したがって，数直線に表す「時間」「道のり」と「1時間あたり何km」を一つ一つ確認しながら作業を進めた。

```
道のり   0    80        X  (km)
         |----|---------|
時　間   0    1         3  (時間)
```

次に

> 数直線をもとに，道のりの求め方を説明する

この時，数直線に2時間の道のりを記入させ，時間が増えれば道のりも増えることを視覚的にとらえさせた。

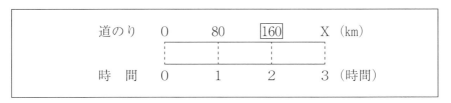

こうして，数直線をもとに道のりと時間の関係を説明していく。要点は増え方である。どう増えるのかを，比例の学習を想起しながら導き出していった。まとめ方は，挙手・指名発表で行い，

> 道のり＝速さ×時間

とまとめた。

## 3 反省

確認の問題を自力で解かせた結果，授業時間内で全員が終えることができなかった。学習過程の前段で時間をかけ過ぎたのが原因と考えられる。また，本時の目標は「速さと時間から道のりを求めることができる」であるので，求め方を説明できたかどうかを，教師が見取る手立てが必要であった。

## 7 公開授業の指導案・授業づくり
# 1年目・1年「10より大きいかず」

### 1 指導案

(1)「10より大きいかず」
(6) 指導計画　省略
(7) 本時の指導（9／10）

①本時の目標
○10＋1位数とその逆の減法ができる。

②本時の授業仮説
○「10のまとまりといくつ」に注目させ，数の構成をつかみ，20玉そろばんを用いて操作活動を取り入れることによって，10＋1位数やその減法も「10といくつ」の見方で理解できるようになる。

③本時の評価規準
○数構成をもとに，簡単な10より大きい数の計算ができる。

④本時の評価基準
○教科書練習問題7ができる。

### 2 授業の場面

　この授業は，10＋1位数やその逆の減法についての求め方を考えることが要点となる。授業の流れとしては，図やブロックなどの半具体物から考え，立式して答えを求めることの便利さに気づき，考え方を理解していく流れになる。

　まずは，教科書の色分けされた花の挿絵の数を数える。花1つずつにチェックを書き，さらに10のまとまりを大きく囲む。全体で確認しながら

| 教科書に書き込む |
| --- |

　これまでの学習で○と△で□（1と9で10）というように，たし算を言葉で表してきた。今回の場合も「10と3でいくつ」という言葉を使ったり，発問の途中に「合わせて」という言葉を入れたりすることで，たし算の式を立

式させる。そこから20玉そろばんを用い，数の構成をもとに計算の仕方を考える。

　20玉そろばんの操作や，教科書のブロックの図などから

> 10といくつ

で考えることで，最初は10から11，12，13と数えていた児童も10のまとまりにばらをたす10＋3の考えが明確になる。

　また，13から3を引く問題でも，10といくつの考えをもとにする。個々で20玉そろばんの操作を行う。全体の確認で13からばらの3を引くことは，13を10といくつに分解する見方と同じであることを確認する。

　ここですぐに練習問題に入りたいところだが，

> 違うパターンの問題

の紹介と考え方を確認する。ここまで「10と△」つまり「10＋△」だったが，「△＋10」についてはどう考えたらいいのかを考えさせる。答えは，大きく，13と考える児童と，30と考える児童の2通りの意見に分かれる。20玉そろばんに戻って全体で操作し，「3＋10」の場合も「10といくつ」の考え方は変わらないことを確認する。一の位，十の位が未習だが，ばらが入る部屋，10のまとまりが入る部屋の確認も行うと，より理解が深められる。

　10より大きいかずの計算は，「10といくつぶん」という10のまとまりで考えることを明確にするために，図に書き込むことや，20玉そろばんの操作する活動を通して，答えを求められるように指導していく。また，ノートの書き方は実物投影機を使って指導する。児童と同じノートに教師が書き込むことで，1マス空ける，行を変えるなど細かい部分のノート指導が可能になる。

### 3　反省

　違うパターンの問題では，10といくつの考えが定着していても，誤答が数名いた。20玉そろばんを用いて確認をしたが，作業に時間差が出てきてしまった。また，20玉そろばんの有効な使い方についても，これから研究を重ねていかなければならない。

# 8　1年目・5年「単位量当たりの大きさ（平均）」

## 1　指導案

（1）「単位量当たりの大きさ（平均）」
（2）単元について　省略
（7）本時の指導（1／14）
　①本時の目標
　○平均の意味と求め方を理解する。
　②本時の授業仮説
　○教科書の図を使って問題場面を考えたり，ならしたオレンジジュースの量を計算したりすることにより，平均の意味と求め方を理解することができる。
　③本時の評価規準
　○平均を計算で求めることができる。
　④本時の評価基準
　○教科書練習問題①ができる。

## 2　授業の場面

　本時の授業仮説にあるように，この授業のポイントは，教科書の図を有効に活用することにある。「平均」の考え方は，これまでの算数科の学習では未経験であり，問題場面を丁寧に，かつ，短時間でつかむ必要がある。
　そこで，

| 実物投影機で，学習場面を拡大 |

し，あつし・りえの吹き出しから問題場面をとらえ，さらに，「はてな」

| オレンジ1個からとれるジュースの量のけんとうをつけるには？ |

から，問題を焦点化した。
　平均を考えるとき，「ならす」（いろいろな大きさを等しい大きさにそろえることを「ならす」と言う）の意味が大切になる。この理解は，「5年フラ

ッシュサイト・ならす」を活用し，視覚的に理解できるようにした。

　次に，教科書の吹き出しに着目させ，ならしたジュースの量を計算する方法に計算の優位性という観点から目を向けさせた。「ならして」平均を求める段階では，多いものから少ないものへの移動だが，全部あわせて（合計）均等に分ける（÷個数）という発想が必要になる。その発想や，計算手続きは，教科書の図を活用した。実際の場面に即して，「大きな入れ物」は何を表すのか，「矢印から下のコップ」はどういう意味か，をスモールステップで考え，計算方法を考えた。

　まとめに，導き出された式から公式化していく。

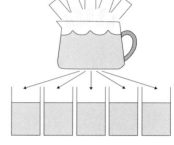

(教科書の図)

　　平均＝合計÷個数

を，学習した問題場面に即して確認していく。この問題では，合計は全部のジュースの量であること，個数はオレンジの数であることをとらえるとともに，教科書の「言葉の広場」を活用し，平均の「平」は「たいら」，「均」は「ならす」という意味であることを知らせ，理解を図った。

　実際の場面で，「ならす」ことができないものもある。たとえば，卵の重さの平均である。卵を実際にジュースの量のように均等に分けることはできない。たしかめの問題を扱う中で，「～といえるでしょうか」をキーワードに，「平均は，実際にはならすことができないものも導き出すことができる」ことを理解させた。

## 3　反省

　教科書の図や吹き出しを活用することで，本時の目標をほぼ達成することができた。評価基準の練習問題①は，全員が正答であった。特に，理解に時間がかかる児童に対しては有効であると感じた。反面，児童の発想や気づきを全体で発表する場や，交流する場があってもよいという指摘を受けた。

## 9 2年目・3年「あまりのあるわり算」

### 1 指導案

(1) 「あまりのあるわり算」
(2) 単元について　省略
(3) 児童の実態　省略
(7) 本時の指導（2／10）

①本時の目標
○あまりのある除法のあまりのある大きさを理解する（包含除）。

②本時の授業仮説
○図を用い，●を増やしたり，●を4個ずつ囲んだりすることで，あまりの大きさについて視覚的に理解することができる。

③本時の評価規準
○あまりのある除法について，具体物や図，乗法九九などを用いて考えることができる。
○除法と商がともに1位数であるあまりのある除法の計算が，確実にできる。

④本時の評価基準
○教科書☆2たしかめができる。

### 2 授業の場面

この授業は，教科書にかかれた不規則に並んだドッツを，除数の数で囲むことで，商がいくつであまりがいくつになるかを視覚的にとらえることが要点になる。被除数のドッツの数を変え，商とあまりがどのように変化するかをみる。それを通して，あまりが除数よりも小さくなる仕組みについて学ぶ。

まずは，この作業をすることで，わり算（包含除）が，『1あたり□がいくつ分』という考え方を，手を動かして実際に確認することができる。また，鉛筆で囲まれたドッツと，囲むことのできないドッツが明らかになり，商と

あまりがどのようなものであるかを視覚的に確認することもできる。
　さらに，
　被除数が1増えると，あまりが1増える，どんどん増えていくと商が1大きくなる場面につながることも，視覚的にとらえることができる。
　教科書には，
　　21÷4＝5あまり□
　　22÷4＝5あまり□
　　22÷4＝5あまり□　……
というように，被除数が大きくなるにつれあまりの大きさの変化を比べられる式も書かれている。
　教科書を使って，○で囲む作業，あまりの大きさの変化を式で比べる活動をし，ノートでは，それに連動させてアルゴリズムを唱えながらまとめた。

## 3 反省

　教科書のあまりの変化を求める式は，あまりが空欄になっていたことにより，被除数と除数の関係への意識が希薄になり，あまりのみを機械的に埋めていく活動になってしまった。続きの式は自分で考えノートに書かせるなどして，あまりに焦点を当てる工夫が必要だった。
　鉛筆でドッツを囲むことで，1あたりの数とあまりの関係を視覚的にとらえることができたことは有効だった。それにノート作業も連動させていくことにより，わり算の理解を深めることができた。

# 10　2年目・6年「速さ」

## 1　指導案

(1) 「速さ」
(2) 単元について　省略
(3) 児童の実態
　○全体的に学習意欲がある。（省略）
　○恥ずかしがって発表できない。（省略）
　○作業スピードの遅い子が5名程度。（省略）
　○4月に実施した標準学力検査の結果では……（省略）
(4) 単元の目標　省略
(5) 単元の評価基準　省略
(6) 指導計画　省略
(7) 本時の指導（1／9）
　①本時の目標
　○既習の「単位量あたりの大きさ」をもとに，速さの比べ方を理解する。
　②本時の授業仮説
　○教科書を効果的に使うことで，速さの意味を理解する。
　③本時の評価規準
　○速さを単位量あたりの大きさなどを用いて数値化したり，実際の場面と結びつけて，生活や学習に活用したりしようとしている。

## 2　授業の場面

　速さは，公式の暗記に重点が置かれる場合がみられるが，異種の2量の一方をそろえて比較するという単位量あたりの基本的な考え方を，数直線などの図や言葉を用いて具体的に理解させることを大切にしたい。また，比較という目的においては，時間と道のり，どちらにそろえても目的は達成できる。しかし，数値が大きいほうが速いといえるのは，時間にそろえて表す方法で

ある。このような表現の意味について考えることも大切にしたい。
　教科書には，車と人とウサギが並んで走っている図がある。導入ではその図を活用して，今日は「速さを比べるにはどうすればよいか」を考えようという確認をした。
　展開では，自転車に乗った三人の子どもの速さを比べるという問題に取り組んだ。実物投影機で，学習場面を拡大し，問題把握をした。1分間あたりに進んだ道のりで比べると，道のりが長い方が速い。1km進むのにかかった時間で比べると，時間が短い方が速い。どちらの比べ方でも答えは出るが，直感的に比べられるのはどちらか，意見を出し合った。1分間あたりに進んだ道のりで比べると，数値が大きい方が速いので，「速さ」は，道のり÷時間で比べようとまとめた。
　習熟のため，教科書の練習問題に取り組んだ。時間あたりの道のりで求めるやり方と，道のりあたりの時間で求めるやり方の2種類を，問題を解く前に子どもに選択させて解かせた。

### 3　反省

　2種類の比べ方を1時間で教えるということは，困難だと感じた。原因として考えられるのは，導入に10分の時間がかかってしまい，問題に取り組む時間を圧迫してしまったことだ。導入や発問の精選をすれば可能であったと私は考える。

## 11 効果的な日常授業になる TT の取り組み
# 担任と連携した環境＆授業づくり

　TT として，自分が日々している微々たる事を述べる。キーワードは『担任との連携』である。

### 1　教室の環境づくり・雰囲気づくり

　教室に入る時，自分がいつも心がけている事は『笑顔と元気なあいさつ』である。子ども達が自分の顔を見て，「あ，算数が始まるな」「今日もがんばろう」と感じてもらえるように努力している。

　すぐに，教室の環境を整える。カーテンを閉め，テレビの角度を調節する。テレビには，子どものノートや教科書・フラッシュ教材を写したり，ノート指導にも使用したりする。全ての座席からテレビの画面がはっきりと見えるように毎時間していることである。

　どちらも当たり前のことではあるが，"大切なこと"だと思っている。

### 2　事前の教材研究・担任（学年）との打ち合わせ

　新しい単元に入る前に，TT として「こんな指導の仕方はどうかな」「この教材を使って指導したらどうかな」などと自分なりに教材研究をしておく。そして，担任（学年）に自分の意見をぶつけてみる。その単元につながる以前の系統でつまずきのあった児童に，どう指導していくか対策を練る。担任や学年団と意見を出し合い，知恵を出し合う。話し合う時間を考えると，他の教科の授業準備もしなければいけない担任にとっては大きな負担だと思う。でも，これも"大切な時間"だと思っている。

### 3　授業での役割・連携

　いざ授業が始まると，真剣勝負である。授業時間内で全ての児童に理解させるためには，TT として何でもする。

・児童に個別指導をする時には，担任が一斉指導した時の言葉を使う。

（指導がブレないようにするため）
- 担任が丸付けやノートチェックをしている間，TT は個別指導に当たるか一緒に丸付けをする。個別指導か一斉指導かは，その時間内の児童の理解度に応じて担任と TT で瞬時に判断する。指導予定が変わることもあり得る。
- 担任が実物投影機で一斉指導をしている時，同時に TT が黒板に板書をしていく。テレビに映せる文字の範囲には限界があるため，黒板に学習内容を残していく。授業を2人で同時に進めるが，あくまで指導は担任が主導。2人で文字を書いていても，できるだけ子どもから目を離さず，集中を途切れさせないように声かけをこまめにする。
- 継続して指導をしていくと，個別指導が必要な児童が固定化してくることがある。その児童にすぐ個別指導をしにいきたいが，学年によっては「いつも自分だけ」と嫌がる児童もいる。だから，「〇〇に気をつけるよ」などと，全体に声をかけて指導する事もある。机間巡視をしながら，全員の児童のノートを見ながら声をかけている。指導の必要のない理解ができている児童にも「きれいに図が書けているね」など，褒め言葉をかける。
- できるようになった事は，必ず誉める。声に出して「〇〇さんの□□が素晴らしい」と，よい所のポイントを伝える。学年によっては，人前で誉められるのを嫌う児童もいるので，ジェスチャーで OK マークを出したり，耳元でささやいたりもする。

### 4 授業の振り返り・理解度の確認

　TT として気づいたことや理解度が低かった児童については，できるだけその日のうちに担任に伝えている。TT が把握していた児童と担任が把握していた児童が違う時もあるので，交流は必要である。そして，次時の指導の打ち合わせにつなげる。

## 12 児童観察・T1とT2の分担

　TT指導では，様々な形態があるが，自分がいつも一番に気をつけていることは，T1との呼吸である。T1の意図をくみ取り，呼吸を合わせるように心がけている。現在4学級担当しているが，学級によって授業の進め方や形態は異なる。それぞれの学級のやり方を覚えて，T1と同様の指導ができるようにしている。とは言っても，本校は，校内で統一して取り組んでいる学習のきまりがあり，教科書を活用して授業を進めていくため，流れや様子が大きく変わったりすることはない。それは，どの学級でも同じような形で授業が進められるという利点になっている。

　さらに，教科書を使うことで，教科書のページを意識し，ノートを活用することにつながってくる。子どもは，授業の始まりのところで何をするのかがわかっている子が多いように感じられる。それは，教科書を活用するからだと考えられる。T2としては，子どもたちは同じページを開いているかどうかを確認することで授業の始まりにつまずかないよう配慮すればよい。

### 1 まず，児童観察

　一斉授業で，T2として指導する場合は，T1の指導に全体が集中できている状態をつくることに視点をおいている。常に子ども達の表情を見ていて，集中力が途切れそうな児童がいれば，さりげなく側へ行き意識が再び授業の方へ向くようにする。「まず，T1の先生の話をしっかり聞いてやろう」というスタンスで児童観察をする。

　児童の表情を見ていると，「んっ，あの子，ここのところがわからないのだな」と気がつく。授業に集中しているので，わからない時は，自然と話を聞きながら，首をかしげたり，目線が上を向いたりするのである。そこで，さあ，自分で解いてみましょうという段階になったら，すかさず，そのような児童のところに赴き，個別指導ができる。作業をしている時も一人一人のノートを見て回り，各々のつまずきをチェックしておく。すると，自力解決

の時には個々のチェックポイントを見て，違っていれば「あなたはここに注意した方がいいよ」と簡単に声をかけるだけなので，多くの子に適切な支援をすることができる。

### 2　T1とT2の分担

　先ほども触れたが，本校は教科書を活用した授業に取り組んでいるため，TTの授業の打ち合わせで時間を費やすことは，日常では少ない。しかし，児童についての話はほぼ毎日している。「○○さんは，九九が定着したおかげで，わり算の計算ミスがなくなったね」「○○さんは，計算の手順がまだ定着していないね」などである。また，新しい単元に入る前にも，「○○さんは，この分野苦手だよね」などお互いに配慮が必要な児童を確認しているので，授業中も自然とどちらかが目を配れる状態になっている。

　配慮が必要な児童については，T1，T2どちらか一方がいつも張りつくことのないようにしている。いつも自分ばかり見られているという負担をなくすため，T1，T2が適度に交代している。児童や学級の状態に応じて，1時間の中であったり，日ごとであったりするが，TTで打ち合わせて見ていっている。

### 3　笑顔とうなずき

　T1との呼吸を合わせるのは，授業中の一体感を大切にしたいという気持ちからでもある。他の教科ではいない先生がいることで，いつもより緊張したり，甘えたりということがあってはならない。授業の一体感に溶け込み，かつ，児童が，いつもより見てもらえるという満足感が得られるよう，個人的に，児童観察や個別指導の時はいつも，笑顔とうなずきを意識している。児童の発言や作業の一つ一つはもちろん，T1の話もうなずきながら聞いたり，見たりするようにしている。

## 13 TTでの一斉指導・個別指導

　TTの形態も様々にあるが，ここでは，一斉指導におけるTTについて述べていく。

### 1　事前打ち合わせ

　授業の打ち合わせはほとんどしていない。というのも，実際は打ち合わせができる時間を十分にとることができないからである。

　しかし，打ち合わせがなくても，学級担任とTT担当の指導の分担はできている。それは，教科書通りの流れで行うため，毎時間の指導内容や授業の流れが明確だからである。

　打ち合わせをする場合は，低位の子の現状の情報を交換したり，習熟度別に授業を行う時間を計画したりする時である。

### 2　役割分担

　子どもが席について活動をしている場合，学級担任とTT担当で机間指導をする。その際，事前に机間指導の範囲を決めておく。例えば，廊下側と教室側，または，教室の前側と後ろ側というように，それぞれの範囲内で学習状況をチェックする。範囲が狭ければ，よりチェックの時間を短くできたり，個別指導を十分に行ったりすることができる。

　子どもが席を離れてノートを見せにくる場合，ノートのチェックと個別指導に分かれて行う。個別指導は，進み具合の遅い子どもを重点的に支援していく。その場合，現在，誰が何に取り組んでいるのかがわかるように，黒板に取り組んでいる設問に名札を表示して，学習状況がチェックできるようにしている。

### 3　個別指導は短く

　個別指導では，全部を教えていると，時間が足りない。さらに，1～2名

の子どもにしか指導できない状況に陥ってしまう。
　低位の子どもを重点的に指導に当たっていくが，１つの問題でも指導の中で区切りを入れて支援していく。分数のたし算・ひき算であれば，通分する，分子をたし算・ひき算をする，約分をするといった手順がある。その中で，通分までをチェックして次，たし算・ひき算をチェックして次，約分をチェックして次というように，個別に当たる指導時間を短くし，多くの子どもに当たるようにする。
　子どもによって通分だけ苦手であったり，約分だけ苦手であったりするので，その部分だけ確認してあげると，自力で進めることができる。
　また，子どもによっては個別指導に長くつかれることが嫌に感じているのも見られる。短くチェックや指導に当たれば，子どもにもそれ程抵抗を感じさせることもなく，ちょっとしたヒントで後は自力で解けているという自信をつけさせることができる。
　活動の中でもポイントを決めておくことで，短い時間の中で多くの子どもを見ていくことができる。
　授業を見ていくと，やはり活動できない，困っている子どもが見えてくる。そのような子ども達をそのままにしておくと，何もせずにお客さんの状態になる。ひょっとしたら，お客さんがどんどん増えてきてしまう場合も出てきてしまう。
　そうならないために，個々の単元による実態を把握するように努め，自主的に取り組める「程よい指導・支援」をしていく。
　授業の中で，仲間たちと常に一緒にいる実感が持てるようにしていくことが必要であると思う。

第3章　Before Afterで見る教科書の活用のポイント

# 1 教科書活用で子どもに育つ自信と笑顔

　教科書を活用する。この言葉に，研修で出会った。教科書を学習のガイダンスと意識するということである。

　当時は，高学年を担任していた。

　まずは，全ての練習問題に取り組み，力をつけようと目標をきめた。取り組んだ問題，できた問題にチェックを残していく。大切なことは，できる，できないではない。できなかった問題ができるようになることだ。つまずいたとしても，教科書の例題問題には，どのように考えていけばよいか，思考の段階が図や吹き出しで書かれている。いつでも，振り返ることができる。

　できなかった問題があったとしても，子ども自身が例題に戻ることによって，自力でやり直すことが可能になる。教科書に沿って学習を進めていけば，つまずいたときに戻る場所をすぐに見つけることができる。例題に戻ってもう一度やり直せばよい。

　子ども達には，わからないことをそのままにしないことを約束していた。約束はしたけれども，やり直すことは，なかなかむずかしいことだ。それには，一人一人が意識していないとならない。毎日毎日，できなかった問題があった時には，やり直すように指導をしていった。

　そうしているうちに，授業中にわからなかった問題を，「教えてほしい」と声を出す子が増えてきた。それをすごく嬉しく思っていた。「わからない」と素直に言えることが，成長につながる。休み時間や放課後に，教科書の例題を通して復習する。少しずつ，ヒントを減らしていく。そうしている内に，自分で解けたということに，自信を持ってくれた。

　教えられながらも，徐々に自分で解くことが楽しく感じられたようだ。そして，それは，達成感につながっていく。

　また，この教科書の練習問題を利用して，家庭学習に取り組む子が増えてきた。色々な練習問題に取り組む前に，もう一度，じっくりと取り組んでみる。このように，自分から，丁寧に教科書の問題に取り組む姿勢が持てたこ

とは，大変よかったと思う。学習に対して，非常に真面目に取り組み，自分たちで，力をつけていった。

　そして，翌年。1年生を受け持った。この子ども達は，自分たちで考え，問題を解いてみたいという気持ちが強い傾向があった。

　教科書の挿絵を実物投影機で大きく映し出し，どんな場面か話し合う。その後，問題解決をする場面では，自分達で考えさせることが多かった。どのようにすればよいか，友だちの考え方を聞くのも大好きである。「なるほど，そうすれば，簡単だね」と，よさに気づく発言が出てくるようになってくる。子どもの成長が嬉しい。

　学習したことを整理する場面で，教科書は，非常に役立った。「あっ，自分と同じ考え方だ」「〜くんがノートに書いていたね」と，嬉しそうに発見する。そうして，教科書にある図や説明を通して，理解を確かなものにしていく。

　教科書を活用することで，そこに書いてあることを理解するだけではなく，自分の考えや友だちの考えが，教科書通りであったことが理解できるようになってくる。それが，授業を進める上で指針となるだけではなく，子どもの自信になってくるように感じられた。

　その後は，教科書の練習問題に取り組む。例題から，レベルが上がりすぎていないか？　と思う問題に出会うこともあるが，似たような解き方を通して，わかる・できると自信をつけていく。初めは不安そうな子もいるが，授業の最後には，笑顔になっていく。そんな安心を与えることができたのが，教科書の効用かもしれない。

# 2 挿絵やイラストの活用で授業が変わる

## 1　1年生　「大きな数」

　教科書の写真やイラストを使って，10のまとまりごとに囲みを書き込む。また，数直線に矢印を入れて数の感覚をつかむ。

　1年生の児童にとって，20をこえる大きな数はなかなか想像しにくい。実物を用意することが望ましいのかもしれないが，100近くのボタンや花を人数分準備することは難しい。教科書の挿絵やイラストを数えることは，数の感覚をつかませるのに有効であった。また，半具体物としてブロックや100玉そろばんを用いて学習を進めていったが，低位の児童がつまずいた時に，教科書に戻って10のまとまりを理解させることができ，有効であった。

　課題：書き込んだ囲みが間違えていた時の書き直しに時間がかかってしまった。児童にとっては細かな作業で，隣の線を消したり，重ねて数えてしまったりする場面があった。

## 2　2年生　「図を使って考えよう」

　文章を読み取り，たし算になるかひき算になるかを考え，立式して答えを求めていく。

　最初は，実際の場面を想像しながら半具体物を使って考え，それからテープ図へと学習を進めていく。図を作成する時に，教科書の図をブロックと重ねながら考えることで理解をさせていく。次は，その図を同じようにノートにかいてみる。実物投影機を使って，ノートのマスを1マスずつ確認しながらテープ図を作成していく。そこから立式し，答えを導き出す。練習問題では，自分でテープ図を作成するが，低位の児童にとって，文章を読み取り，聞かれていることが何なのかを理解して，図を作成することは非常に難しい。そこで，最初の練習問題は，教科書のテープ図を真似してかく。教科書の□になっている部分を考えることでテープ図を完成させる。次の練習問題は□が多くなり，最後の練習問題は，キーワードだけが提示されていて，自分で

テープ図を作成するようになっている。教科書のテープ図がスモールステップになっていることで、低位の児童にも無理なく理解を深めさせることができた。

課題：応用問題や発展問題になると、立式が難しくなってくる。文章の読み取りや意味を理解することは、国語科の指導とも関連させながら指導していく必要がある。

### 3　4年生　「わり算の筆算」

4年生のわり算の学習は、2桁÷1桁のあまりのない計算から、3桁÷1桁、2桁÷2桁、3桁÷2桁……とステップアップしていく。ステップアップしていく中にも、さらに商の立つ位置の確認など、スモールステップで学習が進められている。

基本的な筆算の仕方は変わらないが、筆算のアルゴリズムを身につけることが重要である。また、ステップアップの中には児童が陥りやすい落とし穴も隠されている。例えば仮商修正である。アルゴリズムの中に、必ず「あまりの確認」を入れ、あまりがわる数よりも小さいことを確認しなくてはいけない。練習問題では、計算が得意な児童のために、巻末にステップアップ問題が掲載されており、そちらにも挑戦できるようになっている。

課題は、計算の早さや正確さにはやはり個人差があり、早く終わる児童と終わらない児童の時間差ができてしまうことである。ステップアップ問題や他の練習問題をすることや、児童どうしでの教え合いの活動などで対応している。

3年間、教科書活用の研究を進めた。教科書の挿絵や図を活用することで、算数の授業をスムーズに進めることができた。アルゴリズムを唱える活動では、児童の実態に合わせて様々な工夫もできるようになってきた。自分の授業が徐々に変化していくことが感じられた。

## 3 「積み木図」の活用で「かけ算九九づくり」

　2年生の「かけ算」の学習では，乗法の意味や式，答えの求め方について理解を図るとともに，それを使った問題解決や問題づくりも行った。また，その範囲の九九について表に書き入れ，交換法則などのきまりにも着目させるようにした。

　この学習に続く「かけ算九九づくり」は，同数累加としての乗法の意味を考え，乗数が1増えると積は被乗数と同じ数だけ増えることをもとにして，かけ算の九九を子どもたち自身で構成していく学習の流れになっている。

　2～5の段の九九は，具体物を中心にかけ算の構成を行い，タイルや100玉そろばんを用いて考える学習を行った。

　6の段の九九からは，教科書にある「積み木図」を活用し，さらにこれまでにも使ったタイルと100玉そろばんを場面に応じて利用した。

　「かけ算九九づくり」の学習では，黒板上に「積み木図」の掲示することや実物投影機を用いて，「積み木図」での操作活動を理解できるようにした。「積み木図」を使うことで，乗法の性質をもとにして，子どもたちがかけ算の九九を作り上げるようにした。

　教科書に記述されている「かける数が1ふえると，答えがいくつふえるか」の学習から，かけ算の九九の構成を考えさせた。また「かけ算の意味」を子どもたちがどのように理解するのかも大切にした。

　学習を進めると，子どもたちは「積み木図」の操作方法に慣れて，かけ算の構成を理解する手立てとなっていった。また，タイルと100玉そろばんでも，同様に操作ができるようになった。

　学んでいく中で，子ども自身がこの「かけ算の意味」を説明できることも大切にして学習を続けた。九九を暗記することだけではなく，1あたり量を意識することや，「○○がいくつ分」という考え方を理解できるように学習を進めた。

　「積み木図」による操作活動では，たし算の積み重ねを導くことはできる

が，「かける」という意味は，単なるたし算の繰り返しではないことも留意するようにした。そのため，「1あたりの数」×「いくつ分」＝「全体の数」の定着を図る指導を心がけた。「積み木図」を活用する時に，「1あたりの数」と「いくつ分」の二つの意味が子どもたちにわかるようにすることを，学習の中心にした。

　操作活動として用いる「積み木図」で使用する二つカードの大きさについても工夫を考えた。子どもたちにとって操作活動をしやすいカードの大きさを考え，事前に準備した。「かけられる数」を隠すカードを教科書のページの境目に差し込み，カードが動かないように固定できるようにし，このカードは大きめに作成した。また，「かける数」を隠すカードについては，固定してある「かけられる数」の上に置き，常にカードを横にスライドさせることができるように，幾分小さめのカードを用意した。

　九九は，これから学習する乗法や除法の計算などの基礎となる内容であるので，全ての子どもがその意味を理解し，技能として定着できるようにすることが大切である。九九の表を暗記して理解することを中心とせず，操作活動を通じて，かけ算の構成や原則をイメージさせることにも重点を置いた。

　学級の子どもたちは，課題に対して一生懸命取り組もうとする児童が多いが，集中して話を聞くことが苦手で，学習への取りかかりが遅くなる児童もいる。子どもたちの興味関心に応じた教材研究が必要であるため，教科書の「積み木図」を活用し，さらにタイルや100玉そろばんも利用して操作活動を行った。「積み木図」の活用から，「かけ算九九づくり」の理解をより深めるために，これらの授業を行った。

# 4 細かな部分を授業で利用して効率化を図る

## 1 授業の流れをルーティン化する（決められたパターンで習慣化する）

　日々の授業をより効率的・効果的に進めるため，授業の流れをパターン化する。例えば，①問題文を３回読む→②問題文に出てくる数字を確認（問題文の場面内容も確認），数字に○をつける→③聞かれている事を確認，下線を引く→④キーワードを確認，何算になるのか考える……という手順を繰り返すのである。そうすることで，子どもは授業の流れを身につけていく。問題文を何回読むのか，次は何をするのか，そして，授業でどんなことを学べばよいのかがわかってくる。当然，教師の指示がなくても，進め方を児童が覚えているのでスムーズに進む。

　さらに，何をすればよいかわかるので，児童は，安心して取り組むことができるようになってくる。

## 2 問題の上の小見出しに注目

　教科書には，練習問題にもたしかめ問題にも，問題の上に小見出しが書かれている。ここには本時の目標になる言葉が書かれているので，ここをいつも意識することで教えるポイントを押さえやすくなる。

　ここを読む，読んだあとにノートに書く。小見出しだから，それほど時間はかからない。時間をかけずに，その時間に学ぶべき内容が要約されているので，課題を意識化することが大変容易になってくる。

## 3 大切なまとめやきまりは暗記させる

　教科書で強調されて出てくる本時のまとめやきまりは，何度も読み，その場で暗記させる。一人で何度も読むと飽きるので，①一人で，②ペアで，③先生と交代で等，最後には一人で暗唱できるぐらい覚えさせる。耳で聞いて覚えさせるだけでなく，教科書に出ている図や授業でまとめた板書などを見ながら"目でも"覚えさせる。

計算の仕方については，アルゴリズム（問題を解く手順を短く文章化したもの）にしてそのまま暗記させる。最初は児童も戸惑うかもしれないが，問題を解くたびに声に出して唱えながら解かせることで，暗記する事ができる。慣れると，アルゴリズムがあることで安心して正しく計算できるようになる。

　教科書に掲載されているまとめの活用は，教師が自分の言葉でまとめるよりも，わかりやすいし使いやすい。板書を写すよりも効率化を図ることができる。

### 4　教科書を見て考えるか，教科書を見て確認するか

　教科書には「吹き出し」「？はてな」「複数の考え方」「！なるほど」など，考え方のヒントになるアイテムがたくさんある。逆に，ヒントがありすぎて教科書を見るだけで「わかった」「できた」気になってしまう。教科書の内容によって，教科書を見ながら授業を進める場合と，教科書を見ないで授業を進めて，あとで確認する時に教科書を活用する場合を考えながら使い分けている。

　しかし，児童の実態が異なることから，書いてあることが助けになる子も学級には存在する。そういう子にとっては，教科書が学習のガイドになっている。

### 5　巻末の『学びの手引き』も活用する

　教科書で教えている時，ものさしの使い方127ページ→などと書かれている時がある。授業を進めるので手一杯で，巻末の資料まで手が回らない時もあったが，よく確認してみると，詳しくわかりやすく説明されていて「使わない手はない」と思ってからは，必ず巻末の資料を活用して授業を進めている。

　加えて，教科書のデジタル教科書も活用している。教科書のページをそのまま映すだけでなく，吹き出しや「？」や「！」の部分の言葉も見せたり消したり自由自在にできるので，便利である。さらに，フラッシュ動画も入っているので，テレビに映すと子ども達も画面に集中して学習意欲を高めることができるのでオススメだ。

# 5 算数的思考力を使う場面を意図的につくる

## 1 教科書活用の成果

本校では、研修で、児童全員が「わかる・できる」を目指してきた。それは、低位の児童を伸ばすことに主軸を置いた研修ともいえる。

そう考えた時の教科書の利点は、

> ①どのような展開になるかの見通しが持てる。
> ②1単位時間の流れが「理解→習得→活用」となっているので、スモールステップで理解を深めることができる。
> ③具体物→半具体物→抽象と言う流れで展開しているので、児童の思考に即　している。
> ④『わり算』から『あまりのあるわり算』のように発展した学習の時、単元の最初からの流れが同じになっているので、前時までの学習を活かした考え方がしやすい。

といえる。

本校で研修に取り組むまでは、教科書の活用を特に意識したことはなかった。教科書の流れに沿って授業を進めてはいたが、教科書の図や数直線に書き込みを入れたり、それをノートに写したりと積極的に活用することはなかった。正直な所、有効な使い方がわからなかった。

教科書を活用する具体的な手立てとして有効だと感じているのは、図の活用である。教科書の図に書き込む、教科書の図を全く同じようにノートに写すことで、思考の流れが明確になる。用意するのが難しい具体物などでも、教科書の図を代わりに利用して、丸で囲んだり斜線で消したりすることで、授業の中に操作する活動を取り入れることができる。また、教科書の流れを使って答えを求める方法を身につけることができれば、低位の児童でも、自力で解決する方法を身につけることができると考えてよい。

児童も，教科書の流れに沿って授業を進めると，1時間の見通しが持ちやすいようである。

　スモールステップの指導により少しずつ自力でできる部分を増やしていくことによって，「教えて，考えさせる」ことができる。前段階のステップを活かして取り組めば良いので，やることが明確になると同時に，わからない時はその前のステップに戻ればよい。そのため，授業では，教師や教科書の模倣がしっかりできることが重要な力となる。

### 2　教科書活用の課題

　教科書を活用した授業づくりで悩むのは，スモールステップをどのように刻むかということと，時間差の解消だ。低位の児童が課題を解決できるよう配慮しつつ，高位の児童が時間を持て余さないような工夫が，必要不可欠である。

　また，教科書を活用した授業では，模倣や基礎・基本を重視するため，算数的思考力を伸ばすのが難しい。単元の中で，意図的に，算数的思考力を用いる場面を作ることの必要性を感じた。

(1) 1年生「足し算」

　　図に出てくるイラストと式を矢印で結び，具体物・半具体物と式の数字を結びつける。

(2) 3年生「かさ」「重さ」

　　教科書に出てくるリットルマスやはかりを拡大したプリントを使い，メモリに数字をふる。

(3) 4年生「小数のしくみとたし算，ひき算」

　　1，0.1，0.01，0.001の大きさ比べ。立方体の中に敷き詰められた0.001を表す□に色を塗りながら数を数える。10集まったら0.01の集合になる様子を，色を塗ることで理解させる。

## 6 教科書をお手本にして自分の言葉で説明させる

### 1 4年生 「小数のしくみとたし算,ひき算」

　小数の減法計算を理解するという本時の学習の中で,教科書のやり方を参考にして自分一人で考えたり,グループ内で説明や交流し合ったりすることで,小数の計算の仕方が理解できるという仮説を立て,学習を進めた。
　計算の仕方を考える時,

```
0.01をもとにして
  3.89  →  0.01が□こ
  2.63  →  0.01が□こ
  残りは    0.01が□こ
```

```
位ごとに考えて
  3.89 → 3と0.8と0.09
  2.63 → □と□と□
  残りは → □と□と□
```

　上のような教科書の考え方をもとに,計算の仕方を考えさせた。子ども達は,小数の加法でも同じように考えているので,どちらかわかりやすい方法を選び,教科書に書き込んだり,ノートに書いたりしながら学習を進めていた。
　また,考えたやり方をペアやグループで交流することで,違うやり方も理解を深めたようだった。上のような教科書のヒントがあることで,低位の子でも図や式,言葉を使って計算の仕方を説明することができるようになっていく。
　以前は,教科書のヒントは見せずに課題解決にいたる授業の展開もやったことはあるが,できる子だけが発言し,低位の子は学習を進める手立てがなかったこともあった。あえて教科書のやり方を参考にすることで,どの子も自分の言葉でやり方を説明することができるようになった。

### 2 4年生 「小数と整数のかけ算,わり算」

　小数×整数の計算の仕方を考える学習でも,同じように教科書のやり方を参考に,どの子も計算の仕方を自分の言葉で説明できるようになった。

計算の仕方を考える時，

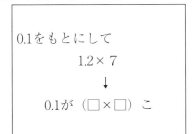
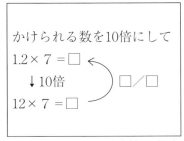

上のような教科書の考え方をもとに，ペアやグループで計算の仕方を交流させた。このヒントをもとにして考えたおかげで，筆算につながる場面でも，どこに小数点が打たれるかをどの子もスムーズに理解できていた。

## 3　4年生　「わり算の筆算（1）（2）」

わり算の筆算の場面では，教科書のイラストを○で囲みながら，実際に分けていく。教科書の図を分けていく過程と，筆算の仕方を比較していくことで，なぜそういった筆算の仕方になるのかを理解していったようだ。

黒板に演示だけしていくのではなく，自分の教科書に書き込んでいくことで，理解を深めたようだ。

低位の子は，教科書に直接書き込むことであればなんとかできる。ノートに図をかいたり，その図に書き込むよりは，すでに図になっている教科書の方がわかりやすい。容易に作業ができる点でも，教科書を活用することで理解を深められる。

## 7 教科書をしっかり読み取れると授業が変わる

### 1 『教科書活用』に取り組んで……

　正直，新任の頃は，教科書を活用するという考え方より，実物（具体物）を提示した方が児童の興味・関心をひくであろうと考えていた。夜遅くまで教材を作り，授業に臨む毎日。それはそれで効果があった部分もあったが，教材によっては，その「物」に対しての興味になり，肝心の「算数科における今日の学習のおさえ」がおろそかになってしまったという経験もたくさんある。

　本校で教科書の活用について学ぶまでは，「教材の工夫」という点に重点を置いていた自分がいた。今回，教科書の活用について取り組みをして，改めて気がついたこと……実はしっかり教科書を読み取っていなかった……ということ。学習の手順，イラストのコメントの活用場面，図の活用など，一つ一つに意味がある。

　恥ずかしながら，今更である。具体物より半具体物から入った方がスッと数の概念に入れる時もあることも体験した。

　教科書を活用していく中で，自分なりによかったと思う点がいくつかある。

### 2 よいコトその1

　同じ物を一人一人に作ると35人分。教材に費やす時間を，教科書を活用できるところは活用するようにした。そして，今までの時間を「本時の学習内容をどうやって定着させるのか」と考える時間にするようにした。

　具体物の場合とは異なり，教科書では，指を指す→声に出して読む→丸で囲む（二重線をひく）の手順がスムーズに行える。指示も最低限で伝わる。作業した物が散乱することがないのもよいところである。

　教科書を使えば，指示も短くなる。要するに，端的な言葉で授業を進められるようになる。短い言葉で話ができるから，子どもも授業に集中するようになってくる。

## 3 よいコトその2

　全体の流れはもちろん，前時に学習したことや次時に学習することが明確である。つまずいた時は，すぐに教科書とノートで振り返りができる。教科書の活用の研究であっても，ノート指導はしっかり取り組むようになっている。ノートと教科書の連動性が大切なポイントである。それができていれば，できなかった所やつまずいた所に戻って復習ができることは，大変有効である。

　ただ，意図的に考えられた構成でも，学級の実態として考えた場合，構成を変えた方がスムーズに入るであろうという場合は，変更もしている。既習事項が定着していない子が多い場合には，全学年の復習を取り入れる。特別に支援を要する子がいる場合には，その子にあった展開を考える。すべてが教科書通りに行かないことも当然考えられるのである。

　また，練習問題も教師側が把握していないまま児童に取り組ませると，混乱する児童がでる。例えば，「わり算の筆算」の練習問題が8問あるとする。難易度が順番に並んでいるのであればそのまま順に取り組んでも全体的にスムーズに進んでいくが，3問目が突然発展レベルの難易度であると，3問目から全く進んでいない児童と8問目まで計算が終わってしまう児童との差が大きくなる。この「時間差」はできるだけ少なくしたい。また，児童自身が「こんなに解けない問題が残った」と下向きになってほしくないという願いもある。授業の最後は，「わかった」と自信を持って言う児童の姿を見たい。

　教科書を活用しつつも，万能ではないので，活用する場面で修正したり補充したりする必要が場面が生じてくることも確かなことである。

　まだまだ教科書を活用しているとは言えない段階ではあるが，これからも教科書&教科書をベースにした自分なりの+$a$が取り入れられるような授業を目指して努力していきたいと考えている。

## 8 教科書の流れで思考の流れを訓練する

　これまで，経験，勉強不足の自分は，新しい単元に入る時，「ここはどうやって授業しようか……」と毎回考えては，子どもたちを混乱させる授業をしてきたことを反省している。経験，勉強不足の自分があれこれ内容をこねれば，必ずボロが出てしまう。まして，教師が頻繁にやり方を変えれば，聞いている子どもたちが混乱するのは当然である。

　しかし，「教科書の活用」を意識し，教科書を使うことで，授業の流れと，子どもたちの思考の流れをつくることができたと思っている。

　例えば，教育出版ならば，

導入部分…必ず挿絵があり，これから学習する内容がイメージしやすくなっている。単元隠しもある。自前の具体物で導入もよいが，児童全員分を用意するのも大変であるし，逆に目の前の具体物に気が散る児童もいる。実物投影機があれば，教師の「ここ」という言葉でも皆で同じところを見ることができる。

小問…段階をおって，スモールステップで考えることができる。

図や数直線…考え方を視覚に訴えることができる。実物投影機に映されたものと同じように，自分の教科書の図や数直線に書き込みを入れながら考えることができる。

吹き出し…考える大きなヒントが書かれている。

○○さんの考え…ほぼ，考え方の解答が，こう表現すればよいという形で，図と式や言葉の2通りで記述してある。

まとめ…本時の大切なことはこれか！　と一目でわかる。

たしかめ問題…例題と同じやり方で解いてみることができる。

　しかし，ここは，注意が必要なところであった。必ず，事前に教師が全て解いておいた方がよい。難易度から問題の並び順を替えた方がよい時が多々あった。また，全て解く時間がない時に，どの問題をピックアップして解かせるかも，事前の準備が必要である。

巻末補充問題…個人の時間差を埋めるのによく用いた。

　このような流れがどの単元も共通しているため，使っていくうちに，子どもたちも，課題に対してどう考えればよいのかのヒントを教科書から得るようになってきた。教科書の思考の流れを自ずと真似していくことになっていった。教科書からポイントを見つけることができると，自分で教科書を使って学習を振り返ることができ，時間内でできなかった問題は，教科書の問題番号にチェックを入れて，解き直しをするようにしたので，教科書を使う力がついてきた。

　恥ずかしながら，指導する自分自身もそうであった。教科書の意図を理解し，教科書を活用することが教材研究になった。教科書通りに進めると，学習に苦手意識を持っている児童も，困ったら教科書のやり方に戻って，真似をすれば答えに近づける。しかし，教科書は「ここは児童の言葉で考えを引き出したい」というところも，すでに，印刷されてしまっている（教育出版では吹き出しや，○○さんの考えの部分）。そこで，徐々に，教科書を真似て思考していく段階から，これまで学習から自分で思考していくことができるよう，さらに活用の工夫を考えていくのが，今の自分の課題である。

# 9 子どもの思考を助ける導入場面での教科書の有効活用

## 1 教科書の構成の特徴

通常，新しい単元に入る場合，「12　割合」単元の数字と単元名が最初にくるのがほとんどである。しかし，単元によっては，単元名が入るページの前に導入としての位置づけのページがある場合がある。導入段階での有効活用の効果を検証してみた。

## 2 5年生 「割合」

### (1) 教科書の実際

①導入ページでは

2種類のゴムひもの伸び方を比べようとしている。もとの長さがそれぞれ20cmと30cmのゴムひもを伸ばすと，それぞれ60cmと75cmに伸びている。よく伸びた方はどちらかを，ゆみさんとけんじさんが吹き出しで考えを述べているものである。

②吹き出しの実際

実際の場面での様子に対して，児童たちへ投げかけている。「青いゴムひもの方がよく伸びるのかな？」「赤と青のゴムひもでは，切り取った長さが違うから……」「赤のゴムひもは，3倍の長さまで伸びたけど……」という吹き出しの流れである。最後の吹き出しで，もとの長さ，いわゆる割合でいうもとにする量を意識させている。

③吹き出しの活用

このページがなければ，いきなり問題に入るだろうし，教師が学級の実態に合わせて導入場面を工夫するところである。教科書には本単元に入る前にこういった様々な工夫がなされている。吹き出しを音読させたり，ノートに視写させたりすることも導入段階では有効であった。

④問題場面と実際の数値を見開きにしていない

導入ページの後の本単元1ページ目は，3班に分かれて輪投げをしている場面である。3班の入った，入らなかったという結果を，イラストとと

もに○と×で表現している。投げた回数や入った回数は，ページをめくらなければ児童は見ることができない。つまり，児童に入った回数や投げた回数を自分たちから数えるような意識にさせ，問題場面の具体化を図っている。

⑤吹き出しの活用

「投げた回数が，班によって違うよ」「1班は，ちょうど半分入ったよ」「入った班は，3班が多いよ」「入らなかった数は，2班と3班で同じだね」というように，いろいろな比べる視点を与えている。算数の苦手な児童や何を考えてよいのかわからない児童にはとてもわかりやすいし，吹き出しなので親しみやすさもある。

⑥？（はてな）の活用

吹き出しの他に，？（はてな）という囲い文字も標記されている。これが学習課題につながるものになっている。「もとの数が違う時は，どのように比べればいいのかな」という具合に，次のページで実際の数値が出てきたときにとても有効な意識づけができていた。

⑦！（なるほど）の活用

「割合が0.7ということは，投げた回数を1と見た時に，入った回数が0.7にあたるということだね」と，数直線などと一緒に割合のまとめをする場合に公式やまとめの補足として書かれている。これが，なぜそうなるのかという具体的な理由となっている場合が多くあり，授業の中でポイントとして板書したり，ノートにまとめたりさせていた。

# 10 デジタル教科書の活用による体験活動

## 1 5年生 「直方体と立方体の体積」

・「どんな大きさを単位にして考えるとよいか」
という課題のもと，既習事項である1 cmを想起させ，1 cm³を学習する。その際に，考える順序やヒントとして教科書を活用した。

・実物大が載っていたこと，そして，本校にも同様の教材教具があったこともあり，教科書を見ながら操作活動を行った。1 cm³の立方体の個数を楽しみながら数える児童もいた。

・「1 m³は何cm³だろうか」
という課題では，考える手だてとして教科書の公式の枠と図を結び付けて指導した。

　縦の個数　×　横の個数　×　高さの個数
　（　　　　）×（　　　　）×（　　　　）＝（　　　　）

この際に，図は，デジタル教科書を用いて，ワンポイントで示したり，強調したい部分を取り上げて説明したりしながら活用した。

式を（　　　）内に当てはめて書き込んでいく作業も，児童は一生懸命行っていた。

単元を通して，「体積の学習が楽しかった」という児童が多く，教科書を活用しながら，具体物を操作したり，書き込んでいったりする活動は有効であると実感した。

## 2 6年生 「分数のかけ算」

・導入時の挿絵の有効性～分数×単位分数の問題では，ペンキで板をぬる挿絵があり，この挿絵を面積図に代用して面積の求め方の手だてとした。

・ペンキの量が$\frac{1}{3}$倍になればぬれる面積も$\frac{1}{3}$倍になるという比例関係に着目させるため，数直線を用いた。

今年度の教科書には，巻末に「学びの手引き」として既習事項が掲載され

ているので，学習活動の支援に有効であった。（数直線のかき方等）
・計算の仕方を考える際には，どのような既習事項をもとにして考えたのかを明確にするため，図や言葉などを用いて表現する算数的活動を取り入れた。言葉の式を根拠とした場合，
「使うペンキの量が□ dL だったら，ぬれる面積を求める式は」
ペンキの量が整数の時を考え，
2 dL だったら，$\frac{4}{5} \times 2 = \frac{8}{5}$，3 dL だったら，$\frac{4}{5} \times 3 = \frac{12}{5}$
だから $\frac{1}{3}$ dL の場合も，言葉の式に当てはめて考え，
式は $\frac{4}{5} \times \frac{1}{3}$ となる。
数直線で考えた場合，※教科書の数直線・学びのマップを参考
「ペンキの量が2倍になると，ぬれる面積も2倍になる」
↓
ペンキの量が $\frac{1}{3}$ 倍になると，ぬれる面積も $\frac{1}{3}$ 倍になるから，
$\frac{1}{3}$ dL でぬれる面積も $\frac{4}{5}$ ㎡の $\frac{1}{3}$ 倍となり，式は $\frac{4}{5} \times \frac{1}{3}$ になる。
・計算の仕方を考える場面では，導入時に用いた面積図を活用し，$\frac{4}{5}$ ㎡の $\frac{1}{3}$ が単位分数の何個分になるのかを表した。面積図を提示したことで視覚に訴え，教科書に書き込んだことで式の操作がより明確になった。

## 11 教科書をすみずみまで扱う

　子どもの学ぶ意欲を高めたい，学んでよかったと思ってもらえることをやりたい，そう考えて授業を日々考える。これは昔も今も変わらない。しかし，以前の私には，そのためには教科書の「縛り」がどうにも邪魔に見えて仕方なかった。したがって，教科書を見せずに，場面を設定し，子どもたちにそれを伝え，課題を発見させ……といった具合にやっていた。そうやっていると，必然的に教師の話が長くなる。子どもは長い話が嫌いである。また，そうやって「長い話」の中で子どもと「対話」をしていると，実は一部の「勘のよい子」だけとのやりとりで学習が進んでいく。その他の子は「ポカン」としているだけ……。というような状態になることもよくあった気がする。

| 見通しを持たせる |
| --- |

　この点において，教科書は非常に有効である。どこについて言っているのか，何について考えればよいのか，見通しが持てるとすべての子どもが「お客さん」になることはない。さらに，その間に明確な「作業指示」を挟み込むと子どもは動く。

　「けんじ（教科書の登場人物）の考えに賛成か反対かノートに書きなさい」
　「なぜそう思ったのか自分の考えをノートに書きなさい」
　「（教科書を読んで）今読んだ部分を，そっくりそのままノートに写しなさい」といった具合である。

　先にも少々述べたが，本文のみではなく，写真や登場人物のセリフに至るまですみずみまで扱う。登場人物のセリフについてどう思うか（賛成，反対，その理由など）を考えさせたり，時に意見を戦わせたりすることにより，子どもの思考の時間を取る。そのように組み立てて行く方が，教師もやりやすいし，授業中の様子を見ても子どもにとってもよいようだ。まさに「よいことずくめ」である。

　教師の裁量に任されている部分が他教科よりも多い音楽科においても，私は教科書をフルに使う。とにかく

> 教科書に載っている曲は基本的にはすべて扱う

のだ。そして載っていることは，

> すみずみまで扱う

ことを心がけている。

　まず，見出しとなっている「題材名」から教師にとっても何が大事なのかがわかるし，子どもにとっても学ばなければならないことがわかる。挿絵や写真から音楽が表している情景や心情もイメージしやすい。

　また，最近の教科書は，どういった活動をしていけばよいのか，楽譜の下に事細かに書いてある。これを手がかりに学習を進めていくことによって，教師も学習内容を「はずす」ことにはならないし，子どもにとっても見通しを持ちやすいであろう。

　教科書をひと通りこなすことができたならば，子どもにとってその学年分の力を獲得できたということになると考えている。教師であれば子どもの実態に合わせて「あの曲も歌わせたい」「この曲も……」となるものだが，まずは，教科書を「すみずみまで」扱うことを私は考えていきたい。消極的な言い方になるが，教科書以上のことができる自信がないからである。上記のようなことは＋$a$の部分で考えればよい。

## 12 教科書活用の有効性を考える

・学習の流れが明確

　問題を流れに沿って解決し，既習では解けなかった問題に新しい考え方を適用させ，新しく獲得した考えで類題を解いて定着させるという学習の流れ（学習の仕方）が身につく。

・学習の焦点化

　本時の課題やそれにつながるヒントが，児童にとってわかりやすく，その時間何に視点を当てて考えるのかが明確になる。

・学習の振り返り

　教科書や教科書に即したノートの振り返りにより，忘れた時・つまずいた時に戻って考えることができる。

　以上が，教科書の活用を実践して感じることである。さらに，有効に活用していく要素として，次のことを意識しなければならないと思った。

　教え手として，教科書の学習の流れ，図や数直線の意味するところ，もっと細かなところまで目を向ければ，使われている数字や量まで分析する必要がある。まず，とことんこだわる。

　教材分析である。これは，教科書活用以前の当たり前のことではあるが，このことがあっての有効活用であると改めて実感した。

### 1 他社の教科書は？

　教科書で教材分析をしていると，「なぜこの流れ？」「なぜこの数字？」ということがあった。そんな時は，他社の教科書を見てみるといろいろなことがわかる。

　　・単元配置
　　・単元内の学習内容の配置
　　・本時の問題場面の設定や練習問題の扱い

　違いを見て，設定されている問題場面の意図や数字や量などの意味に気づ

くことがある。そこから，予想される児童のつまずきや気づきも見えてくることがある。

### 2 活用しきれなかったこと

　自分の力量不足で，教科書を活用しきれていなかった部分も少なからずある。特に，「数学的な思考力を学習過程のどこでどのように」である。各単元を見通して，さらにその学習の系統性を見越して吟味する必要性を強く感じた。

## 13 教科書で授業の見通しを持たせる

　私は，以前から教科書を使って授業をしてきたのだが，「活用」の仕方について深く考えたことがなかったので，この研修はよい機会になった。

### 1 よくできた図

　教科書の図は非常によくできている。問題場面の図は，ひと目見ただけで把握できるものがほとんどだ。これを使わない手はない。実物投影機や拡大印刷で大きく提示することで，子どもと一緒に確認できる。導入では「何をしているところですか？」の問いかけから始まるので時間も短縮できる。

### 2 考えられた数値

　教科書の問題に使われている数値は，子どもたちの思考に合わせた意図的なものになっている。私はたまに，自ら考えた練習問題を子どもたちに解かせることもあるが，割り切れなかったり，答えの数値が現実的なものでなかったりする。教科書には，巻末の練習問題も含めて十分な量の問題が掲載されているので，まずは，教科書にある問題をすべて解くことが大切だ。

### 3 子どもの思考を妨げない，考えられた流れ

　教科書の流れのまま，授業を進めることも大切だ。教科書に登場する，けんじ・ゆみの考え方に触れることで，考え方の幅が広がるし，どのように説明したらよいかのお手本になる。そして，いつもするどい指摘をするドングリ君の存在も大きい。こうして，多様な意見や考えを扱うことで，子どもたちの思考は深まっていく。思考の段階に合わせた順序になっているので，無理なくスムーズに授業が進むようにできているのだ。

### 4 研修後　AFTER

　結果的に，教科書を使う場面が増えた。特に導入部分で教科書を活用する

ことは，非常に効果的であると私は考える。以前は，答えが載っているから，自分の考えが持てない子だけ「教科書を見て考えてもよい」という指示をしていたこともあった。しかし，今は全員に見せている。見通しを持たせられるし，すべての答えが載っているわけではないからだ。答えが載っているときもあるが，それはページをめくると載っているなどの配慮がしてある。このように，教科書はよく考えられて作られたものである。活用することで子どもにわかりやすい授業を提供することができる。

# 第4章 ユニバーサルデザインの算数授業づくり

## 1 特別支援学級から見た日常授業の効用

　特別支援学級の担当をしていて，このテーマを受け持つことになったが，「ここはよい」はよいとして，「ここがだめ」はおこがましく感じたので，自分の反省から述べてみて，どこか通じるものがあるのではないか，という観点で書きたいと思う。それで，野中先生が「味噌汁・ご飯」授業の目的として挙げられている3つのことについて，特別支援学級の立場で考えてみることにした。

### 1 日常性の追求について

　いつも同じ流れで進み，先の見通しもつくので，安心して授業が受けられているように思う。教科書を使って指導書の助けを借りながら素早く作って日常に耐えられる授業を目指しているということで，今日は何ページだ……というふうに児童にとってもわかりやすいのではないかと思う。変化や未知の出来事が苦手な児童は特に安心でき，また逆にパターンを覚えると強いという場合がある。

　自分で感じている反省としては，パターンを得意とする児童が，意味合いを考えずに機械的に処理してしまう傾向があるように思う。なぜそうなるかを考えるのは面倒だから，とりあえずやり方を覚えたことでできたつもりになってしまっている。だから，少しひねったものや応用編となると難しく感じているようだ。機械的に処理したとしても得られる達成感を感じさせながら，本当に生活に役立つ学習となることも意識したいと思う。

### 2 基礎学力の保障について

　教科書に沿って丁寧に学習していることで，置き去りになってはいない印象を持つことができている。はじめに基礎的な内容について声をそろえて発声することもよいリズムとなっている。必要に応じた補助計算などの手だても有効となっているように思われる。そして，みんながそろってその時間の

問題を解いていくという形ができていた。

しかし，自分で教えていて感じることは，こだわりのある児童のことを考えると，後ではずす手だてがある場合は，はじめから入れない方がよいかもしれないということである。一度身につけたパターンを変えることが難しい児童もいるからだ。頭の中で計算できる児童は，書くことが増えるのを嫌がることもある。また，具体物が邪魔をする場合もある。そう考えると，丁寧であることとなるべく簡単にしてあげることのバランスは個々人で違い，全体指導の中ではかなり難しいことだと感じる。

### 3　全員参加の授業について

グループ指名や列指名，一人ずつのリレー方式など，形を変えた指名の仕方で緊張感と達成感を持たせることができているように思う。お客さんにならない工夫も，続けていくことであまり苦にならずに対応できるようになっているようだ。また，できたノートを一人ずつ先生の所まで持っていき，丸をもらうという場面は，動きがあって子どもたちの顔が輝いて見える。また，支援の必要な児童への配慮も慎重になされていた。

これについては，きっとどの児童も楽しく感じているように思うが，そのことが成立するためには，それまでの約束事が必要となり，規律が整っていなければうまくいかないと思う。特別支援学級の少人数でさえ，動きをつけるのは勇気がいる。場面ごとのルールを守って成立する活動だと感じる。

日常授業は，児童も教師も落ち着いて学習できる雰囲気を作ることができる授業となっているように思う。毎日のこと，という安心感は，特別支援学級の児童には特に必要とされる。その他，掲示物の位置や座席，接し方など，学校ではたくさんの工夫をしながら日常授業を行っている。その配慮も一人一人にとって必要なことが違っていたり，その時々で必要性が変わってしまったりするので，常々修正しながら進めているところである。

## 2 特別支援教育の視点から見た南小学校の研究

　子どもたちは，様々なそだちの背景を持って学校に通ってきている。家庭や学校，その他の子どもたちが関わってきた環境や，保護者，担任，友人などの他者との関係性によって，そだちの有り様が個々に違ってくるのは言うまでもない。また，こうした子どもたちを取り巻く環境要因と共に，私たちが考えなければならないのが，発達障害などの生来在るそだちの課題（個人因子）である。平成14年に出された「通常の学級に在籍する特別な教育的支援を必要とする児童生徒に関する全国実態調査」（文部科学省）では，学習や生活上に何らかの困難を抱えていると思われる通常学級在籍の児童生徒の割合が6.3%という結果であった（平成24年の同調査では6.5%）。そうした調査結果などを受けて，平成15年「今後の特別支援教育の在り方について（最終報告）」が文部科学省から出されて以降，これまで学校現場でいわゆる「気になる子」であった子どもたちの教育にスポットがあたり，各自治体，学校では特別支援教育に対する取り組みが始まり，現在に至っている。

　本校でも，特別支援教育コーディネーターを中心に，学年代表者，管理職で構成された特別支援委員会（校内委員会）が設置されており，学習や生活面に課題がある子どもたちへの対応法や指導法などについて定期的に検討をしてきている。話し合いの場に氏名が上がるのは10名前後であるが，それ以外にも生活指導面で問題を抱えている子どもたちの数を合わせると30名程になる。（生活指導での課題と特別支援の課題は明確に線引きできるという性格ではなく，重なっている場合が多々ある）

　本校の研究は，「どの子にもわかる・できる」授業を作り上げることを目指している。つまり学習，生活面，発達上に困難や課題がある子どもたちも含めて「わかる・できる」授業をするためには，必然的に特別支援教育の視点を取り入れていくことになる。以下に，発達障害などの「子ども自身にある課題への対応」と「取り巻く環境の整備」の二つの視点から，本校の研究の取り組みをいくつか紹介し解説する。

## 1 発達障害などの子ども自身にある課題に対応する

　学校現場では，自閉症をスペクトラム（連続体）として考えるように，発達障害もスペクトラムとして考えることができるのではないか，という思いに至る場面によく遭遇する。学習遅滞や多動，不器用な子どもは，教室の中に数名いる。いわゆる「気になる子」「グレーゾーン」等と呼ばれるような子ども達である。学校は医療機関ではないので，診断名の有無は配慮や支援の内容に直接関係するものではないが，ADHD（注意欠如・多動性障害）やLD（学習障害），自閉スペクトラム症，発達性協調運動障害（不器用）などについての多くの研究成果は，これまで「気になる子」であった子どもたちを新たな視点で理解し具体的支援を構築する上で大いに役に立っている。本校では，校内研修の中で発達障害やその近縁について特性などの基礎的な知識の理解，視覚支援，学習補助具，記憶やワーキングメモリといった内容を学習し，授業の中で活用している。ここでは活用の例をいくつか紹介する。

### (1) 発問を簡潔にする～記憶とワーキングメモリ～

　授業を進めるにあたって，記憶についての基礎知識を学ぶことは大切なことである。特にワーキングメモリについての学習は，発問を精選し簡潔にする意味について大きな示唆を与えてくれた。一度に記憶できる量（短期記憶），記憶したものを活用し思考する働き（作業記憶）には個人差があり，長くて要領を得ない，言い直しが多いような発問は，ワーキングメモリの働きが十分ではない子どもにとっては莫大な情報量となり，混乱を招く可能性がある。そうならないためには，発問を簡潔にし，スモールステップに区切った授業の進め方をする必要がある。本校では発問を簡潔にし，学習の階梯（かいてい）をどの子にも無理なく登れる高さの階段に区切ることで，「どの子にもわかる・できる」授業が実現できるのではないかと考え取り組んでいる。

### (2) 視覚支援

　ワーキングメモリの働きが充分ではない子どもや，聞くことに集中できない子どもにとって，視覚情報の提示は重要である。聴覚情報のみでは，聞き落としが度々あるような子どもや忘れっぽい子どもは，授業についていくこ

とが困難になる可能性がある。今何をしているのか，何をすべきかを，振り返る，確認することができるような手立てを視覚的に掲示しておくことで，安心して授業に取り組むことができる。また，こういう例もある。時計が読めない子どもや，指定された時刻を忘れてしまう子どもには，当該時間に針を合わせた教材の時計を掲示することで，実際の時計と見比べて確認することができる。終わりの時間に見通しを持てることで，安心して活動に取り組むことができる。このような視覚支援は，何度も注意されがちで自尊感情，自己有用感を失いがちな子どもから，自分でできたという実感を引き出し，自信を深めることにつながっていく。また，視覚支援とは逆に，視覚よりも聴覚情報に対して強さを持っている子どももいる。目で見るよりも聞いた方が理解できる子どもに対する配慮も忘れてはならない。

### (3) 学習補助具の工夫

　本校の子どもたちの筆入れには，10cm程の小さな定規が入っている。ノートに真っすぐな線を書く時に活用するのはもちろんだが（ノート作りについては別の章で紹介されている），どこを読んでいるかわからなくなる子どもには，行の横や下に定規を合わせることで，読んでいる箇所を明確にする役割も持つ。定規以外にも，色付きのクリアファイルを短冊型に切り，スリットを作成して活用している。こうした補助具の活用によって「わかる」子どもは確実にいるのである。

### 2　取り巻く環境の整備

　本校でも，落ち着かない子どもが各学級に数人はいる。そうした子どもは，視覚・聴覚などの感覚刺激に対して気が移ろいやすく，集中力を持続することが難しい傾向にある。それに対してまず私たちができることは，「教室環境の検討と整理」である。視覚・聴覚刺激を「我慢しなさい」と言っても，子どもの中には感覚刺激や情報を取捨選択できず刺激に溺れている子もいる。そのため，感覚刺激を極力減らすことで必要な情報に焦点を当てやすくする必要がある。次にいくつか例を挙げる。

## （1）教室掲示物の精選と掲示をする位置

　子どもの視野に入りやすい場所には，不必要に掲示物を貼らないようにするということが挙げられる。ここで重要なのは「なぜ，そこに貼るのか」「今，必要なのか」を子ども目線で考えることである。そのため，本校の教室掲示は各学級の子どもの実態に合わせているため同じ形式では統一していない。担任が根本原則を理解することで各学級の実態に合わせた環境整備を心がけ，固定的ではなく流動的な対応を可能としている。

## （2）座席の位置

　落ち着かない子，学習時に机間指導が特に必要な子，視力や視能（目の使い方）に課題がある子，対人関係面で課題ある子など，学級の子どもの実態に合わせ，担任が意図的に座席の位置を決めている。話し合いや発表の際には，机を向かい合わせに並べ班にする，全体をコの字型にして顔を突き合わせるといった，目的に合わせた形態をとる場合があるが，基本的には子どもが学習に集中でき，担任の指導が行き渡る配置を心がけている。

　「どの子もわかる・できる」授業を実現するためには，授業力の向上はもちろんであるが，授業をする場をどの子にも学習しやすい環境に整理する必要がある。そのためには，特別支援教育の知識や視点は大いに役立っている。

　本校の特別支援教育は，先進的な取り組みをしている学校から見ると不十分な面が多々ある。しかし，「どの子もわかる・できる」ことを念頭に行われる各担任の日常実践の中には，昨今「ユニバーサルデザイン授業」と言われている取り組みと共通するものが散りばめられている。それは，学級の子どもの実態をしっかり観察し，その子の特性に対してどのような手立てが有効なのかを授業の中で試行錯誤を繰り返し，実践的に検証し蓄積してきた成果である。改めて特別支援教育と言わなくても，日常実践の中でその視点は生かされている。

## 3 「ひま」を作らない活動と仲間を感じる活動

　算数アンケートの結果,「算数（勉強）がわからないから嫌い」という児童が3名いた。算数のテスト結果は, $\frac{1}{3}$〜$\frac{1}{2}$程の点数。おそらく3名にとって算数（勉強）は,「自分はやってもわからない」という半ばあきらめのような気持ちなのかも。そんな気持ちのまま毎日勉強をしても, 集中できない時間の方が多いのではないか。そこで, 授業の展開として, いろいろな活動を少しの時間でも取り入れ, ひまを作らない（余計なことを考えない）工夫を考えた。

### 1　声に出す
・黒板の文字を早く書き終えた場合, 声に出して小さな声で何度も読む。
・ほぼ全員が書き終えた時に, 全員起立して大きな声で読む。読み終えたら座る。
・隣同士で向き合って, 読み合う。

### 2　移動する
・ノートを持って移動し, ペアを見つける。
・ノートに書いてあることを, できるだけ見ずに言う。（お互い）
・握手をして, 新しいペアを探しに移動する。

### 3　話し合う
・文章問題を読んだ後, 何を求めるのか等, 教科書に印をつける。
・班になり, 話の流れや求めることを確認し, 問題に取り組む。わからない人がいる場合は, 班の人と相談してもよい。（それでもわからなければ担任に聞いてよい）

### 4　ノートをとる

・黒板を使用した場合は，実物投影機の場合と違い，何行空けるかを自分で考え，見やすいように工夫してノートに書く力をつける。
・教科書を写す場合は，空白を作りながら板書する。ただ写すだけではなく，自分で教科書を確認しながらノートにまとめる。
・まとめ方が工夫してあるノートは，金賞を与え，全体に広める。

### 5　競争させる

・計算問題など，解き方が定着してきたら，計算大会も取り入れる。3名中3名がマイペース。問題が解けないというよりもタイムオーバーが原因の時もある。問題数を自分で決めて，決められた時間内に解けるようにさせる。

　毎時間全てを実施しているわけではないが，可能な範囲で以上の5点を取り入れている。また，休み時間の遊びの中ではふれあうことの少なかった仲間とも，短時間でも交流し，授業の中だからこそできる人間関係の構築をはかっている。せっかく教室というたくさん仲間がいる環境なのだから，人とふれあいながら学習を進めていけたらいいなと考えている。3名のみならず，現在，全体的に少しずつ点数が伸びている現在進行形。わからないことを「わからない」と言える環境や，「みんなと勉強している」ことを実感しながら学習してほしい，と願いながら取り組んでいる。

# 4 「場合の数」で順序よく整理する方法をさぐる

　場合の数の単元のねらいは，「具体的な事柄について，起こりうる場合を順序よく整理して調べることができるようにする」である。つまり，適当に思いつくままに起こりうる場合を列挙していたのでは，落ちや重なりが起きてしまうのを，規則正しく並べ，整理し，表現することで，誤りなく全ての場合を明らかにできるようにする，ということである。
　第一次では，「4人でリレーを走る場合の順番の組み合わせ」が何通りあるかを見つける問題だった。しかし，私のクラスでは，漠然とした問題に戸惑う子が多かった。数学的な考え方を生かして適切に整理するような力を，普段の生活の中で生かすことができていなかったのだろう。

> 起こりうる場合を順序よく整理して調べるには，「まずは，誰を1番にするか固定して考える」という方法を，子どもから引き出す

　そして，次のように取り組んだ。

> 「あ」が1番目の時，走る順番の決め方は，全部で何通りあるでしょう

　これで，今まで膨大な情報をどう処理するか戸惑っていた子どもたちが，どんどん組み合わせを書き出すことができるようになった。
　焦点化は，大事である。

> 固定化して考えたら，次は，整理して起こりうる場合を並べたり，図や表に分類整理して表したりすることが重要になる

　落ちや重なりがないように，順序よく整理して調べることが大切になる。教科書には，順序よく並べる2種類の整理の仕方がでてくる。子どもの考え

方も大切にしながら，樹形図のよさに気づかせていきたい。
　しかし，先程にも述べたように，このクラスでは，適切な整理の仕方のよさを，いまいち感じられない子がいるのが事実である。
　そこで，

> 場面を想像し，確認しながら，一緒に樹形図を書いて，整理してみる

　丁寧に声を出しながら，一緒にイメージを共有しながら書いてみることで，「あっ，なるほど」とか，「そういうことか」等，安心して出た声が聞こえてきた。この時間で，簡単な場合に限るが，落ちなく，重なりなく樹形図で整理することはできるようになった。
　第二次では，4チーム総当たりで試合をする場合の，2チームの組み合わせを見つける問題に入った。
　そこでは，樹形図を用いて，同じ組み合わせを消して考えたり，対戦表をかいて考えたりする子が多かった。その中で

> 組み合わせ図で考えた子どもが登場
> A＝D　　1つずつ線を引きながら，整理する考えを発表し，みん
> B＝C　　なからわかりやすいと称賛された。

　この組み合わせ図の考え方は，まとめのページ（3ページ後）にも紹介されているが，課題を解決する場面で，子どもから出てきたことで，みんなもそのよさがわかり，使ってみたい，やってみたいと心が動き，その後の取り組みに大きく役立った。発表した子も，自信を持った。この相乗効果が，教室での算数のよさだと実感した。

## 5 補助計算・図・説明についての一考察

　このレポートでは，補助計算，図，説明の三つのことについて，自分なりに検証し，たどり着いた考え方を述べたいと思う。

　これは，ことあるごとに自分自身が取り上げてきた課題である。これまでは，単元の後半でクリア問題を設定したり，慣れてきた時点で児童にゆだねたりしてきた。

　今年度，『あまりのあるわり算』の単元の後半から，授業のはじめの1分間テストで，あまりのあるわり算に取り組んだ。授業では，まだ補助計算を必ず書くよう指導していたが，1分間テストでは何も言わずにやらせてみた。そうしたら，それぞれの児童が，「書かない」「わからないところは書く」「あまりを求めるところだけ書く」といった風に，必要に応じて使い分けていた。結果を見ると，当然解けた問題の数に差はあったが，やり方がわからずに困る児童は見受けられなかった。

　今回のことで，補助計算は，確実な定着を目標として，授業では単元の最後まで書かせればよいと言う結論に至った。定着さえしていれば，児童が必要なときに，必要なやり方で使ってくれる。研修担当の先生がこれまでおっしゃっていた「単元の最後まで書かせる」ことの意義を，自分なりに納得できた。

---

図は自力で描く＋$\alpha$で！！

---

　本校の研修では，ノート指導の一環として，教科書の「図を描く（写す）」作業を重視している。これまで，「図を描くこと＝児童の理解の助け」と思っていたが，分数の単元で，図は描けてもその意味の理解ができていない児童に気づいた。そこで，図を描くことに，

　①書き込みを加える　②声に出して言う　③指さし確認をする

の作業を付け加えた。その作業は，図の仕組みや図と数字のつながりを理解

する一助になったようで，特に算数に苦手意識を持っている児童にとっては，よかったようである。

> 説明は「できる手立て」を用意する！！

　算数で説明を取り入れる場面というのは，「教えて，考えさせる」の「考えさせる」に当たると自分では思っている。教材研究で悩むのは，どこを「考えさせるか」＝「説明させるか」ということだ。説明の時には，算数の得意な児童だけでなく，学級全体で考え，説明できることを目指したいと思っている。

　そこで，単元の最初から，できるだけ同じ言い方・やり方で，授業を進めるようにしている。その言い方・やり方が，児童の自力説明の一つの型になると考えているからだ。

　それから，説明は，一人で全てできなくてもよいと，個人的には考えている。ペアで考えたり，リレー形式で説明をしたりするなかで，こんがらがった思考を整理することも，説明の重要な役割だ。リレー形式を用いる時に，研修で話題にのぼった「まつだ（まず・次に・だから）くん」はとても有効である。「まず，次に，だから」と順序立てることで，思考の流れを整理することができるし，全員で復習する時にもわかりやすい。

　これまでの学習を振り返ると，補助計算やアルゴリズム，図を似たようなパターンで繰り返し用いて授業に取り入れられた単元では，成果を出すことが出来た。だが，1時間ごとに内容ややり方が変わる学習（時刻と時間，□を使った式）や，やり方が込み入ってしまったり，作業を徹底しなかったりした単元では，結果が出せないことが多かった。

　これからの課題は，45分，1単元の中で，学習内容の理解に効果的な方法を精選することだと感じている。来年度は，今年度やっと実感できたことをもっと意図的に授業の中で用い，手立てとして有効であることをさらに検証していきたい。

## 6 かけ算の立式で問題のキーワードに下線を引く

2年生では,「かけ算」とはどういう計算かを学ぶ。文章題から立式する時,これは果たして何算をすればいいのか,どの数字を使うのかを理解してもらいたいと思い,文章にラインを3本引くことを,単元を通してやり続けた。

> 1本目…1つぶんの数
> 2本目…いくつぶん
> 3本目…ぜんぶの数

例えば

> ・あめを1人に5こ配ります。4人に配るには,あめはぜんぶで何こいるでしょうか。
> ・クッキーが5こずつのったおさらが7さらあります。クッキーはぜんぶで何こあるでしょうか。

ここまでなら,「1つに」という言葉がなくても,簡単な図を描かせて,1つぶんを囲ませていたので,1つぶんの数を見つけることができた。また,ぜんぶの数の単位までラインを引かせるので,答えの単位ミスがなくなった。
しかし,

> ・ボートが6そうあります。1そうに3人ずつのると,ぜんぶで何人のれるでしょうか。

ここで,やはり6×3が出てきてしまった。そこで,1つぶんの数がかけられる数であることを思い出させ,図を描かせると,3×6に直すことができた。ここで直すことができて安心したのが間違いだった。この問題は,1そうに3人ずつと順番は違ってもかなり親切であった。単元末のテストでは,さほど厳しい問題はなく,立式でき,答えの単位も間違える子は少なかった。

しかし，単元が終わってややしばらくして復習のためプリントをさせた際，立式を自分のやりやすい九九（かけられる数とかける数の順番が逆でも答えは同じだから暗記しやすい九九）で書いてきた子がいた。
　つまり，

| 1つぶんの数×いくつぶん＝ぜんぶの数 |

が，しっかり定着していなかったのだ。
　キーワード3箇所にただラインを引くだけでは，失敗である。もっとそれぞれのラインの意味を理解させ，区別させる必要があった。

| 1つぶんの数…四角で囲む
いくつぶん…直線
ぜんぶの数…波線 |

として，単元を通してやり続ければ定着できたかもしれない。

| ・あめを1人に⬜5こ⬜配ります。⬜4人⬜に配るには，あめはぜんぶで何こいるでしょうか。
・クッキーが⬜5こ⬜ずつのったおさらが⬜7さら⬜あります。クッキーはぜんぶで何こあるでしょうか。
・ボートが⬜6そう⬜あります。1そうに⬜3人⬜ずつのると，ぜんぶで何人のれるでしょうか。 |

| 1つぶんの数×いくつぶん＝ぜんぶの数 |

　指導の工夫の甘さを痛感した。今後，十分気をつけたい。

## 7 ICT機器を活用した授業づくり

　南小学校では，全学級に実物投影機が配置されている。教科書の文章問題の内容を，文章だけで理解して立式させるのは難しい。そこで，教科書にわかりやすい挿絵・図があるので，これを効果的に見せることができれば，より理解が深まると考える。

---
実物投影機を使う

---

　実物投影機は，教科書をすぐに映し出すことができるし，指をさすなどの動きが手にとるようにわかる。また，ノート指導では，書き始めをどこにするか，何マス空けて式を書くか，などの指導にも効果的であった。拡大もできるので，感熱紙で図を大きく印刷して提示しなくてもよいため，経済的でもある。

　以前は，実物投影機が設置されておらず，それまでの間，私はデジタルカメラやノートパソコンなど色々なものを使って図を提示してきたので，それを紹介する。

---
デジタルカメラを直接テレビにつなぐ

---

　デジタルカメラにケーブルをつないでテレビに映し出すことが可能だと知って，さっそくやってみた。三脚を立てて，レンズを下向きに固定することで実物投影機に近い機能を使える。また，写真が撮れるので，画像を提示することもできた。

　しかし，バッテリーが消耗するので，常にデジタルカメラを充電した状態にしなくてはいけないこと，拡大・縮小のピント合わせに手間取ること，画像提示に時間がかかることを考えると，少し扱いにくさを感じる。

### 拡大プリンタを使う

　黒板に大きく貼り付けることで，直感的に図を感じることができる。また，切ったり貼ったりが可能なので，面積の授業では一番効果的であると感じた。また，社会科で地図を提示するときにも，大きいので使いやすいと感じた。
　しかし，カラープリンタは準備が大変である。また，どこの学校にもあるとは限らない。

### タブレット（iPad）を使う

　教科書の図のデータをタブレットに入れておけば，すぐに提示することができる。起動に時間がかからないので，パソコンよりも手軽に使える。また，拡大・縮小が容易にできる。アプリケーションを使えば，図に書き込んだり，色を塗ったりすることができるので，効果的である。
　タブレットは，カメラ機能がついているので，その場で写真を撮ってテレビに映し出すことができる。また，周辺機器を使用すると，ワイヤレスでテレビに映し出すことができる。これは，机間指導で子どものノートを見ていて，みんなに見せたいと思ったときにタブレットで子どものノートを写真で撮ると自動的にテレビに映し出され，みんなで共有することを可能にするものだ。
　モニターには50インチ以上の大きさのテレビを使用しないと，少し小さく見づらく感じる。
　どの機器も一長一短があるので，どれが一番優れているということはないが，用途によって使い分ければ，効果的に図を提示でき，理解が深まると考える。

# 8 リスク要因を減らし,子どもの問題行動を減らす

## 1 リスク要因

　LD（学習障害）をはじめとした発達障碍のある子どもや，触法少年たちについて長年取材を続けてきた，品川裕香さんの講演会に参加し，その著書『心からのごめんなさいへ——人ひとりの個性に合わせた教育を導入した少年院の挑戦』（中央法規出版，2005年）を読んで，これからの特別支援教育について問題を整理するための示唆を受けた。これまで，特別支援教育は発達障碍か否かが注目されがちであった。しかしそれは，発達障碍だから問題行動を起こす，発達障碍だから二次的障碍を引き起こす，極端な例を挙げると発達障碍が非行や犯罪の原因になるといった雰囲気を作り出すことになった。しかし，品川や著作に取り上げられている少年院の向井らの見解によると，触法少年らの中には，確かに発達障碍の少年はいるが，むしろ発達障碍の状態像に似た少年の割合が高く，発達障碍が即，非行に結びつくという短絡的な考えを戒めている。品川らは，非行に走る原因をリスク要因の集積の結果と考え，発達障碍はその要因の1つであり，他のリスク要因（虐待，家庭の貧困，いじめ，家庭不和等，子どもの成長発達の妨げになるもの）との関係の中で，反社会的行為に結びつくと考えている。入院してくる少年の傾向として「人の気持ちがわからない」「自分の行動や思考を客観的に把握する力（メタ認知）の弱さ」「読み書きなどの基礎学力の低下」「人の話が聞けない」といったものがあるという。これらは程度の差があるにしても，通常の学校の行動上に問題や課題がある児童生徒にも十分見られる傾向ではないだろうか。

## 2 リスク要因としての学力

　入院少年への取材や調査から，基礎的な学力と問題行動の関係が見えるという。文字が書けない，計算ができないということは，社会生活を営むことはもちろん，学校生活の中で自尊感情を大きく低下させることは想像に難くない。根拠は明確ではないが，品川らは，小学校3〜4年生の学力は必要だ

ろうと言っている。自分でできたという喜びは，大人が考えている以上に，子ども達にとって重要なのである。

### 3　メタ認知

何度も同じ過ちを繰り返す子ども，衝動的に行動する子どもには，メタ認知の弱さがあると言われる。メタ認知とは，自分の行動や思考を客観的に見直す力のことである。何度注意しても同じ失敗をしたり，自己正当化や責任転嫁ばかりしたりする児童生徒には，この力が育っていない可能性がある。発達障碍によってメタ認知が育ちにくい場合，成育歴によって育てられなかった場合等，様々なリスク要因があるが，排除できる要因は排除，もしくは軽減することで，新たにメタ認知を育て上げることで，行動が整理される可能性がある。

### 4　行動の基準と身体図式

入院している少年たちは，きちんと立つことができない，リズムを合わせて歩けない，返事ができない，人の話を聞けないといった特徴を持つことが多いという。発達障碍の有無如何を問わず，身体図式が育っていないのである。だらしなくしているのではなく，そのようにしかできない少年が確かにいるのである。そのため，最初にきちんとした行動の基準を学ばせる必要がある。手の挙げ方，返事の仕方，歩き方，集団での歩き方，基礎的な体幹の力など，細かい指導によって，身体図式をはぐくむ。できたという実感は，自尊感情を育て，身体の持つリスク要因を保護要因へと変化させるのである。

リスク要因は排除できない場合もある。その場合，いかに保護要因を増やすか考えなければならない。できない子どもたちは「どうせ，こんな俺なんか」と思いがちである。そこから「こんな俺でもできるんだ」という気持ちへの方向転換は，具体的な実感をともなう取り組みによってでしか底上げすることができない。リスク要因は何か，取り組める保護要因は何か相関関係を整理することで，現状の把握と次への取り組みが生まれるのではないか。

## 9 表現と交流のある算数的活動

　算数では，思考力，判断力，表現力を育成するため，授業の中で算数的活動を通しての指導が求められている。研究授業や道外視察の後，「自分なりの考えを持ち，表現すること」と，「考えを交流し合うこと」の必要性を感じ，それを軸とした授業づくりを目標としてきた。このレポートでは，「自分なりの考えを持ち，表現すること」と，「考えを交流し合うこと」の二つについて，今までの取り組みの成果と課題をまとめていく。

### 1 成果
#### （1）自分なりの考えを持ち，表現すること
　学習指導要領には，「言葉，数，式，図，表，グラフを用いて考える」と書かれている。自分自身，以前は，「言葉で」「図で」といったように，教師側から表現方法を指定していた。しかし，自由にしてみた所，一つの課題に対し，児童一人一人が，それぞれ得意な方法で課題にアプローチする様子が見られた。

　例えば，「平行四辺形のかき方を説明しよう」という課題に対し，
①文章でかき方を説明する
②箇条書きでかき方を説明する
③実際にかいてみる
と3通りの表現が出た。

　また，「三角形の1辺の長さと周りの長さの変わり方の決まりを見つけよう」という課題に対し，
①文章で書く
②表に矢印や数字を書き込む
③式にする
と3通りの表現が出た。

　今までは，表現の方法を限定することで，児童が考えやすくなるのではな

いかと考えていた。単元のどのあたりなのかにもよるが，児童それぞれが考えやすい，表現しやすい方法を選択させることも，主体的に授業に参加する上で必要なことと気がついた。

### (2) 考えを交流し合うこと

今までは，交流というと，全体で意見を出し合い，どうしても，算数が得意な児童が中心になってしまう傾向があった。そこで，「全員が参加すること」を目指し，次のような交流の仕方を取り入れてみた。

①ペアで交流

席が隣同士のペアで交流する。考えがまとまっていない段階から交流し，協力して考えを深めたり，教え合ったりする目的で行うこともある。

②全体で交流

〈その1　推薦〉

ペアでの交流の後，説明がわかりやすかった児童をペアの児童が推薦し，推薦された児童がみんなの前で発表する。

〈その2　リレー〉

全部を説明するのではなく，考え方のステップを一人が一つ説明していく。説明した人が，次の児童を指名し，指名された児童が続きを説明する。

〈その3　他者説明〉

他の人が説明したことを，自分で説明してみる。

交流を授業に多く取り入れると，児童同士の教え合いが当たり前になり，算数的思考に対する苦手意識が低くなっていった。児童に聞いた所，特に説明の方法として有用だと感じたのは，「順序を表す言葉」と「図」だそうだ。

## 2 課題

課題は，「苦手な児童に対してどのような手立てを講ずるか」ということである。表現にしても交流にしても，なかなか自力で取り組めない児童に対してどのような手立てが有効か今後も検証していく必要がある。

## 10 アルゴリズムとともに計算メモを書く

　私が今年度授業研究をした単元は，1年生の「3つのかずのたしざんとひきざん」である。この単元は，1学期に習った「ぜんぶでいくつ」と「のこりはいくつ」に続く単元である。
　教科書では，動物の挿絵で楽しく立式できるように工夫されている。だが，3つもの数をたしたり引いたりすると，計算ミスが出てきやすい。それを防ぐために，

> アルゴリズムとともに計算メモを書いて正しく計算を進めさせよう

と思った。学年の先生方にも相談して，アルゴリズム（問題を解くための手順を定式化した形で表現したもの）を唱えさせ，計算メモを書かせることを決めた。

> 【以下，アルゴリズム】
> 「9－3－2のけいさん」
> 「はじめに9－3をけいさんします」
> （9－3に下線を引く）
> 「9－3＝6，6に○」
> （9－3の下に6を書き，○で囲む）「つぎに6－2をけいさんします」
> （⑥と2を線でつなぐ）
> 「⑥－2＝4」
> 「こたえ4です」

　これでも長いかな？　言いづらいかな？　など気になったが，授業では単元通して同じように唱えさせた。（たし算の時も，たし算と引き算が混じっている時も同様）

手応えは，結構あった。
①計算の順序を間違えない。
②計算が正しくできる。
③低位の子も自力で何とか計算に取り組むことができる。

　計算力のある子は「こんなの簡単！　もう線引かなくていいでしょ？」と言うが，単元内では全員に，必ずアルゴリズムも計算メモも書かせた。
　単元の時間は，わずか4時間。この短い時間の中で，何が教えられたのだろうと自問自答をした。少なくとも，低位の子があきらめずに，何とか指やブロック，20玉そろばんを使ってでも「解ける！」「自分でもやればできる！」という意欲を感じることができた。
　わずか4時間，されど4時間。教える側の
「絶対にあきらめない。全員に理解させてみせる！」という意気込みは，子ども達に伝わる。
　授業内でどう指導していくか。とても難しいテーマだ。

# 11 たし算かな？　ひき算かな？　問題場面を図で表す

　１年生の算数では，「ぜんぶでいくつ」の単元で，加法の用いられる場合（増加・合併）について知り，式で表したり，式を読んだりすることができるように学習する。その際に，問題場面を図に表す活動を取り入れ，考えを交流する場を設けて，増加や合併について理解を深めた。

　子どものノートより

増加の場合

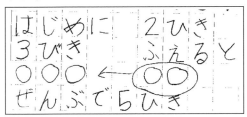

合併の場合

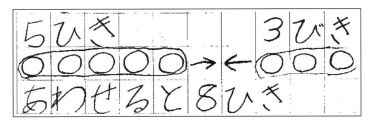

　子ども達の発言の中に，「増えたから←を書く」「どちらもガシャンとあわせるから，→←がいい」と，矢印の向きにこだわりが見られた。
　このあと，「のこりはいくつ」の単元で，減法の用いられる場合（求残・求補）について知り，式で表したり，式を読んだりすることができるように，また，０を含む減法の意味を学習した。

　子どものノートより

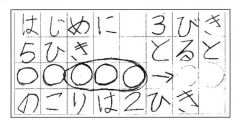

この学習でも，「なくなるから，矢印は→向きがいいと思う。←向きにすると，増えた感じがする」等の発言が出た。みんなで，「なるほど」と感心しながらたし算との違いを理解していった。わかっている数だけ○で囲んだり，線で消したり，指で隠したりと，子どもたちは工夫する。TTの協力もあり，よい考えや工夫を見つけては，二人で褒めて認めていった。問題に主体的に関わるようになり，ノートに書く意欲が高くなったと感じた。

> 場面を想像し，図に表し，考え方を説明する（隣の席の子とノートを見せ合ったり，実物投影機を利用して，全体に説明したりした）

　2学期には，「たしざん」「ひきざん」の学習に入り，ブロックの操作，図，さくらんぼ方式等，いろいろな方法で求め方を説明することができるようになってきた。

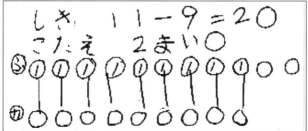

　このように，問題場面を図に表すことは，その場面を理解し，立式につなげるうえで，有効な方法の一つである。言葉でうまく言えないことも，図に表すことで明確になり，それを手がかりに友だちに伝えることができる。このよさを，1年生なりに実感しているのではと思う。算数アンケートで，算数が楽しくないが2名（簡単すぎる・計算が難しい）わからないが1名（計算が難しい）の他は，楽しい，わかると答えている。その中で，「みんなでできるから楽しい」と答える児童がいる。ノートに記した考えを紹介して友だちと教え合う，よい考えを共有できる仲間との学習の楽しさが，わからなかったという苦手意識より，できるようになったという前向きな気持ちにつながっていったと思う。

## 12 道具に目印をつける

> 「図形」領域の指導では、実際に定規などを使い、かいたり、つくったりする活動が有効である。さらに、使う定規などに目印をつけることによって、スムーズに活動ができる

を4年生の「垂直、平行と四角形」の単元から検証する。今回は、以前の仮説検証レポートにあったものの追検証として行った。

この単元は、垂直、平行の性質を踏まえ、様々な四角形をかけるようにならなければならないが、指導時間がそれほど多いわけではない。単元を通して三角定規の使い方が同じ方法で指導できる目印を用いた方法が、有効と考えられる。

目印の方法は、

> 一つの三角定規に青い線を入れる。もう一つの三角定規に赤い線と青い線を入れる

実物投影機に写しながら、線の色を目印に垂直、平行のかき方を指導した。

| （垂直） | （平行） |
| --- | --- |
| 1　青だけの定規で線をひく | 1　赤を合わせる |
| 2　定規の青と青をくっつける | 2　定規の青と青をくっつける |
| 3　赤をひく | 3　エレベーターにして赤をひく |

実は、これは最終的に統一されたもので、はじめは別の言葉やなかった言葉があった。言葉ははじめから一貫して指導するつもりであったが、やっていくうちに、「動かす」が「エレベーター」になってしまった。はじめから

この形で指導できていたら，もっと定着できていたと反省した。

　ただ，「色」の目印を使うことで，「ここ」などの指示語を使わなくて済み，その分，説明が少なく，児童が自分で言いながら作業ができていた。

　しばらくは，垂直は青からか赤からかと，垂直と平行のやり方で，迷う児童もいた。垂直は交わるように，平行は並ぶようにというイメージと定規の並びがなかなかスムースに結びつかないようだった。しかし，いろいろな四角形のかき方を学習していくうちに，しだいに定着していった。自分でやり方を言いながら，定規を動かしていくうちに，「ああ，こうか！」という感じで体得していったようである。

　今回，三角定規に目印をつける方法を試してみたが，テストでは，垂直，平行をかくことは，9割以上ができていた。また，手立てがあることで，自分で定規をくるくる動かしながら，あきらめずに設問にとり組み，解決までたどり着ける児童も多かった。

　このような点からも，道具に有効な目印をつけて指導することは効果的であると言える。

## 13 単位のしくみの教え方

### 1 単位の関係を考えて

　この学習を始めるにあたって，長さ・重さ・面積・体積についての既習事項がどれだけ定着しているか事前に調査してみた。内容は，長さの単位の関係（何倍の単位であるか）と面積，体積とも異なった単位どうしの関係である。結果は必ずしもよいできとは言えず，定着不足が否めない。特に，アンケートで算数が嫌いと答え，学習の定着も不十分な児童に顕著であった。

　この単元においては，既習事項に加え

　①m（ミリ），c（センチ），d（デシ），h（ヘクト），k（キロ）の記号の意味を知り，単位の理解を深めること

　②長さの単位がもとになって，面積・体積・重さの単位ができていることを理解すること

を中心に，単位の換算を通して長さ・体積・面積・重さを総合的に学習する。

　この学習の中で，kやcなどの記号の意味と，単位間の関係は比較的理解しやすい。理解，定着のしづらい，$m^2$，$cm^2$，$km^2$の関係や$m^3$，$cm^3$の関係にスポットを当てて，教科書の活用を発展的に工夫してみた。

### 2 換算表を使った指導

　上記で示した単位の関係がややこしいのは，mm，cm，m，kmの関係がそのまま面積，体積に反映されない点である。すなわち，kmはmの1000倍の単位だが，$km^2$は$m^2$の1000倍にはならない，体積もしかりである。この理屈をどう乗り越えるかである。

（1）既習事項を振り返る

　　面積は4年生，体積は5年生の学習である。まず，面積から，図を使って1$m^2$は10000$cm^2$であることを確認した。

（2）換算表にする

　　1$m^2$と1$cm^2$の関係を換算表にする活動に取り組んだ。

「1 cmは1 mの$\frac{1}{100}$の単位」がベースになる。これは、教科書の表を使って理解する。もちろん、そのときc（センチ）の意味も学習する。

次に、既習の内容を発展させ、1 m²は1 cm²の$\frac{1}{10000}$であることをとらえる。そのとき、単位の右上につける「2」に着目し、$\frac{1}{100}$が2回と意味づける。最後に換算表にするが、まず1 m²を決め、$\frac{1}{10}$, $\frac{1}{100}$, $\frac{1}{10}$, $\frac{1}{100}$と と唱えながら1 m²から4桁目に1 cm²を置く。

(3) 換算表を使う

できた換算表で、単位を換算する。

＜25000 cm² = 2.5 m²＞

25000 cm²を「cm²」の場所を1の位の数に合わせて25000と記入する。「m²」に換算することは、そこが1の位になるから2と5の間に「.」を入れる。小数点が4桁左に動いたから、$\frac{1}{10000}$になった。

| 1 m² | | | | 1 cm² |
|---|---|---|---|---|
| 2 | 5 | 0 | 0 | 0 |

(4) 以上のように、面積、体積の換算表をつくり、実際の量で単位換算してみた。

この表をつくる、単位の位置関係をつくっていくということは、何倍のまたは、何分の一の単位かを理解することも抱合される。この表を自力でつくれることを一つの目標として学習を進めた結果、単位の換算についてある程度の成果が見られた。

今回の学習で用いた表は、表の中の単位の位置関係を理解することと、その単位がなぜその位置に来るかを考察する過程を通して、単位の関係をより深く理解することに意図があった。ただ覚え、換算表を使って換算できることを最低限の目標として学習を進めてきたが、前段の調査で低調に終わっていた児童も、ある程度の成果が見られた。

## 14 説明しあう活動から既習の内容・考え方を学び直す

> 平行四辺形の面積の求め方を説明しましょう

四角形や三角形の面積の単元より検証する。

> これまでに習った図形の面積は長方形・正方形です

本単元では，既習の図形の面積の求め方を考えていくことを意識づけることからスタートする。

長方形や正方形の求積方法をもとに，これからの新しい図形に対して「これがわかったので，あれもできそうだ……」と考え方のつながりを求めさせる。そこで，求められる考え方の価値を，説明しあう場面から生み出していくことをねらいとした。

> 平行四辺形を切って動かしたり，組み合わせたりしてもよいです
> 正方形や長方形に変えてみましょう

切り取った図形，組み合わせてできた図形は何であるか，それより既習の面積の公式を使って平行四辺形の面積を求める考え方をまとめている。考え方も様々である。
①一方の三角形の部分を切り取り，移動して長方形にする。
②縦に半分に切った台形を移動して長方形にする。
③三角形となる2カ所の部分を組み合わせた長方形と正方形の二つにする。

> 考え方をまとめます
> 図に記号を入れたり，言葉や式を使ったりして整理しなさい

活動後，互いの考え方を聞くことから新たな図形の見方を発見し，もう一度考え直している子，説明の時にどんな言葉を使ったらよいか，確認することでまとめる文にも付け加える子などがみられた。

面積の公式を一つ使った考え方と二つ使った考え方でずれが起こることも考えられた。ただ，方法自体がずれたり，求められた面積の数値がずれたりすることではない。「一人一人が導き出した考え方が，一般化された方法としてとらえられるか」という個々の見方のずれが生じると考える。

　そこで，それぞれの考え方で縦と横の長さが同じかどうか，それぞれの考え方で図形の共通点は何か。そのことを子どもたちが検証・練り上げていくことが大事である。

| 平行四辺形はどのような面積から求めることができましたか |

| 平行四辺形の面積は既習の形を変えると求めることができる |

　子どもにとって「切って動かす」ことが，自分の作業としてできる範囲，念頭による操作，そして，抽象化された考え方に至り，「一般化された見方」が生まれてくる。

　本時では，既習の内容を積み重ねて，見通しを持って取り組むことができた。図形を切る位置の違いも子どもたちは考え方を納得できていた。また，考え方を1種類の解決にとどめず，様々な考え方で求めようとする子どもも多くみられた。

　しかし，三角形の面積の求め方を考える時には，説明しあう活動，交流が十分にできなかった。図形を扱う際の教材の正確性が欠けていることや，子どもたちに課題に対する見通しを十分に図ることができていなかったためと考えられる。取り組む際に「やってみたい」という意欲にもつなげていくためにも，「できそうだ，あれが使えるかも……」といったひらめきや発見ができる見通しを持たせることが重要であり，自分の課題である。

## 15 三項関係を数・文字(ことば)の学習の共通構造と考える

### 1 はじめに

　Aくんは，1年生男児。自発語がほとんど無く，何かを要求する時には「ごあん（ごはん）」「べんきょ（勉強）」「だっこ」「ちあし（チラシ）」などの一語文で，一見すると「何もわからない」子どものように見える。しかし，お付き合いをさせてもらっていると，Aくんの表出していない（もしくは表出していても私のほうが気づかない），Aくんの世界があることがわかってきた。今回は，Aくんの数の整理の仕方とひらがな50音の関係について記述する。

### 2 Aくんの数の学習

　Aくんとの数の学習は，まず数詞と音の一致から始まった。1〜10までの数字を書いた木製のカードを私が順に読み上げながら枠に入れていった。この時点では，カードからも目が離れ，私と一緒に数詞の音を声に出すこともなかった。そこで，Aくんの目が対象に向きやすい状況を工作することにした。触覚と運動の活用である。ここで使用したのは1〜10までの数の系列化教材で，1の場所には1個，5には5個，10には10個のボルトを積み上げるというものである。ボルトの穴を棒の先に合わせて入れるため，目や触覚的な手がかりが必要になる。Aくんは，ボルトを差し込む活動に対して，興味を持って取り組んでくれた。この後，いくつかの経過を経て（両手を同時に使う，かたまりで持つ等。ここも大切な所だが，主たるテーマではないので割愛する），Aくんは，ボルトの系列化教材を使う中で，1〜10までの数詞の音を口に出して読めるようになり，数の順序性もおぼろげながら理解してきた。（確定にまでは至っていない）ここでの学習の基本的構造は，数詞と音の一致（1対1対応），数字の並び方（順序），数字と数量（意味）の一致である。「数字－音－意味」の三項関係ができ上がり，概念としてまとまりを持つ。そして，この構造が文字の学習（50音）にも生かされることになる。

### 3 ひらがな50音の学習

　ひらがなの学習も，文字と音の一致，50音の並び方，単語と単語の意味を基本的な構造にした。このうち，文字と音の一致，50音の並び方の学習を先に行い，その後，学習の進捗状況に合わせ，単語の構成と単語の意味の学習を行った。ここで，文字－音の二項関係から単語の意味を加えての三項関係が完成することになる。まず，Aくんは，50音の枠にあらかじめ書いてあるひらがなを見て，選択項（バラバラに置いたひらがなタイル）から選び，枠にはめることができるようになった。次に，50音順に並んだひらがなを声に出して読むようにもなった（文字－音）。ある程度のひらがなの定着が見られた後，Aくんに食べ物の名前等がひらがなで併記されている絵カード（公文式）を示し，50音表から該当するひらがなタイルを選択し，枠に入れて完成された単語を読むという学習をしてもらった。この場合，絵カードの絵がものの意味を表す。つまり［文字－音－意味］の三項が結びつき，ことばの概念としてのまとまりとなった。

### 4 まとめ

　50音は「あ〜ん」まで50音としての規則性と順序性で整理されたものである。その整理の仕方の根底は，国語的な能力よりも数の概念に近い能力が求められると考える。そして，その学習過程は，三項関係による概念形成の構造を持ち，数の学習が50音の整理の仕方につながり，文字やことばの学習が，数をより明確に理解するためのたすけとなることが，おぼろげながらわかってきた。そして，この三項関係の構造は，数，文字の理解以外にも，人が外界を受容し構成する基本的な単位となり，三項の関係の深まりと拡がりが，他者との共通概念につながる「表象」となることで，他者との関係性構築の基盤にもなると考える。

## 16 すべての子が使える易しい教具

　交流学習の機会に，支援学級の子どもたちと共に様々な学年の授業に参加していると，それぞれの在籍児童の実態により，教室環境の整備や指導上の工夫など様々な取り組みが行われている。「特殊教育」が「特別支援教育」となって，通常の学級の中に当たり前に配慮が必要な児童が存在する前提で学級づくり・授業づくりが行われるようになったと思う。本校の教室環境の整備や日常授業に見られるスモールステップ，教科書の効果的活用などの研修を進めていく中でも，「苦手な児童への手立て」を意識した研修の話し合いが進められてきた。

### 1　数と計算領域　位をそろえるための手立て

　板書をノートにとることが難しい児童を視野に入れ，一斉指導がしやすいノート指導の一環として，以下のような手立てがとられている。
- ・使うノートのマスを統一する。
- ・ノートをとる上での約束事を明確にしておく。
- ・実物投影機でノートのどこにどのように記入するかを明示する。
- ・余白を十分にとるノートのとり方をさせるように意識する。

などが行われている。特に算数科の計算領域では，計算のスキルを身につける過程で，ノートをとること自体に力を注がなくてもよいように様々な工夫がされていた。

　算数科・数と計算領域で，筆算を行うときに特に注意しなくてはならないのが，位をそろえて計算することだ。ノートはマスのあるものを使用しているが，小数のたし算・ひき算では，ノートの小数点を打つ位置に，先に赤ペンで縦線を引かせる取り組みがあった。その赤線に沿って小数点や数字を記入することで，位をそろえることが意識づけられていった。小数点以下の桁数が違う場合の計算においても，大変有効だったと思う。

## 2 手先が不器用な児童を意識した作図　準備と指導

　作図では，正確さが求められるが，手先の不器用さがある児童や注目するべき点に視線を合わせることが難しい児童にとって，作図は高いハードルとなる。そのハードルを少しでも低くする為に，まずは，道具の購入の際に使いやすい・指導しやすい道具のポイントを明示し，推奨している。また，道具によっては，名前の記入位置などを作図に支障がないよう指定することもある。

---

〈10cm直線定規〉

　入学当初に買いそろえるときに指定する。小さな手でも押さえられるので導入として扱いやすい。筆算の線を書く時を使用機会にして回数を重ねて，使いこなせるようにする。

---

〈作図線が透けて見えるタイプの各種定規〉

　キャラクターなどが入っているタイプは，学習中に思考が途切れてしまう原因ともなるので購入を控えてもらう。

---

〈支点のしっかりしたコンパス〉

　支点がしっかりしたコンパスでなければ，不器用な児童でなくとも正確な円の作図は難しい。最近は握ることができれば円が描けるタイプのコンパスが出ているので，そちらも紹介することがある。

---

〈目盛りの見やすい分度器〉

　分度器は大きすぎず，10°刻みの目盛りが見やすい分度器を使う。まず道具での差が出ないようにすること，一斉指導の際に指示しやすい程

> 度に道具を統一しておくことで，作図の手順を指導する際に大変取り組みやすい。

　実際の作図指導の場面においては，教師の手元を見せることができる実物投影機の利用も有効である。特に，作図している様子を見せながらポイントとなる点を指示することができる点が有効だった。その際に，道具が同じであれば，なおのこと取り組みやすい。また，分度器の角の頂点を合わせる箇所に，赤マジックで点印をつけておくなど，ポイントを明確にすることで扱いやすさが各段に上がり，作図上のストレス軽減につながっている。

　今回，特別支援教育の視点から2つの手立てを取り上げたが，これまでも，様々な視点から何かしらの苦手なことを持つ児童がどう取り組んでいくか，教師側がいろいろ考え実践してきたことだと思う。この研修を通してそれぞれの教師が持つ有効な手立てを共有できたことが成果だと感じた。

資料　研究通信

# 研究通信

NO. 1
2013/04/24
発信
研究係　廣川

1，
**研修のスタート**
4月8日‥今年度の研修の提案をさせていただきました。
主題や教科は昨年と一緒ですが、副題が変更になりました。まずは、変更になった部分と授業を結びつけられるように係として仕事を進めていきますので、よろしくお願いいたします。

2，
**教科書を活用する授業について**
日常の算数の授業で、教科書を全く使わない方は少ないと思います。多かれ少なかれ教科書を使って授業をしているはずです。
また教科書を使うことは、学校教育法で以下のように記されています。

> 学校教育法　第三十四条
> 　小学校においては、文部科学大臣の検定を経た教科用図書又は文部科学省が著作の名義を有する教科用図書を使用しなければならない。

まあ、皆さんには、あたりまえのことと思います。余計なことですいません。
この記述からも教科書の活用することはごくごくあたりまえのことだと思います。
その

> 教科書をうまく活用して学習させる

と言うことが今回のテーマになります。
しかし、いくら文科省の検定を経た教科書であっても完璧ではありません。従って、

> 教科書の不足や不明な部分を補う
> 余計な部分を割愛する
> 教科書の図や解説を活用する
> 教科書の図や解説を使わない

という判断をしていく必要があります。
これらの判断基準は、すべて、

> 子どもがわかる・できる状態になるか

を基準に考えていけば良いわけです。
ただ、子どもといっても学級には、様々な子がいるわけです。

理解の速い子、遅い子。
理屈が通りづらい子、理屈から入る方が得意な子。
視覚情報がわかりやすい子、視覚情報よりも聴覚情報が理解しやすい子

様々な子がいて、その子達にできるだけわかりやすく指導をしていくためにいろいろと考慮していく必要があります。
そこが今回の研修での大きな柱になるわけです。
要するに、

> 教科書を使った授業づくり

となります。

3，**研究の内容および視点**
このように書くと教科書だけで授業するという印象を持つかもしれません。
結論をしては、

> 教科書を活用しつつ、他の機器や教材・教具・ノート等も活用する

先日の提案では、
①教科書のロジックを理解する。
②他の教科書と比較する。
③学級の児童に最もわかりやすい方法を選択する。
　学級にいる子で最も苦手とする子　でも、自力でできる方法を探す。
個別指導でヒントを繰り返し出す方法で

137

はなく、可能な限り全体に指導したことで、自力で乗り越えられるように指導をしていく。
④効率よく指導および理解をするためのICT機器を活用する。どの場面どの部分で必要なのか？
⑤教科書を学ぶ上で、ノートを重視する。ノート指導を徹底する。
⑥可能な限り自力で解く事を進めていく。教科書の問題については、チェックマークを入れるように　指導をしていく。
⑦習熟度を意識した練習問題で達成感を持たせる。
⑧遅れがちな子へはTTの活用、補助教材の活用を勧めていく。
⑨特別に支援を必要とする子でも、周りと同じように学習ができるよう工夫をする。
⑩1時間の中に、その時間の達成度を測るための練習問題を組み入れる。できた子、できなかった子　をしっかりと把握する。

ここまでが、提案でした。
　それ以降については、以下の通りです。

⑪できた子は、ほめる。できなかった子については、次の時間の最初や単元の学習が修了するまでにできるような手立てを講じる。
例えば、次の時間の最初にその日学んだ同じ問題に取り組ませる。また、ミスをした問題に再度取り組ませたり、別の課題を与えたりする。
⑫「点の指導」ではなく、「線の指導」を心がける。子どもによっては、一時間で全ての内容を理解させるのではなく、数時間かけて理解させると言う方法も取り入れていく。八割主義
⑬それでもできない子には、最低限ノートに写す。自力でできなくても学習したことを自分のノートに書いてあるという状態になるように指導をする。

こんな配慮をしながら授業を進めていけると良いと考えている。
### 4，目指す目標として
　こうして、授業した成果を単元テストで確認をしていきます。

単元テストの目標は、先日提案したとおり、

> 最終的に　学級全員の子が９０％以上で通過することを目標とする

ことにしています。そのステップとして
　レベル４　学級全員の平均が９０点以上
　レベル３　学級全員が８５点以上で通過する。
　レベル２　学級の平均が８５点以上
　レベル１　学級全員が８０点以上で通過する。
としているわけです。

> この目標は、できない子をいなくする

と言うことです。厳しいようですが目指すべき目標と考えています。
### 5，確認のために　テスト集計表完成
　単元のテストの結果を集計しなければなりません。さらに、「なぜ目標に到達できないのか」という分析も必要です。そのために全員がテスト集計表に単元テストの結果を記入してきました。
　今年も継続して行っていきます。その

> テストの集計表が完成

しました。
テラステーション→分掌全体→研修→2013年研修→算数テスト集計2013年版です。
　すでに、6年竹組のテストが終わって記入してありますので、ご覧ください。
使い方
①自分の学級のタグをクリック
②下の方の児童名の所に名前をコピペ
③児童の点数を記入　これで完了です。
④上の一覧に人数が反映されます。
　あとは、

> 誤答分析をしてください。

間違いの多かった問題とその間違いの原因がわかると大変良いかと思います。
　また、できない子がなぜできないかがわかると良いかなと思います・・・。
　よろしくお願いいたします。

# 研究通信

NO, 6
2013/06/19
発信
研究係 廣川

教科書を活用する授業　先日のまとめ

0,
先日の研修で提案した内容をまとめてみました。
参考になれば・・。

1,
基礎学力が定着しない原因・・映像

・話し合いのようだが、発言は賢い子だけ
・できない子は見てるだけ
・無駄が多く授業が1時間で終わらない
・練習問題ができない・・宿題になる

⇩

結果としてできない子ができるようにはならない

2, 教科書を使うメリット
①全体像が見える
②順序が見える
③学習の足跡が見える
④復習予習ができる

⇦ プリントだと全てできない

できない子にこそ、教科書を使い安定した授業をする＋教科書の使い方を教える

3,
教科書を使う力をつける
①指定されたページを開く
②どこに描いてあるか指差す
　教科書に書いてあるヒントを見つける
③説明や問題を読む
④教科書に書き込む
　教科書をそっくりそのまま写す
　教科書の不足に気がつく
⑤赤鉛筆でなぞる　赤で囲む

これらの作業パーツを使った授業をすることで「教科書を使う力」をつけることにつながります。

4,
教科書にやり方が書いてあるから、それを見せないという考え方もあることは知っています。しかし、そうすると、できない子には算数を学ぶ手立てがなくなってしまいます。
　特別に支援を要する子
　落ち着かない子
　既習事項が未定着な子
　何となく「学習障害」かもしれないと感じられる子
にとっては、教科書が頼りになります。
教科書を使えるようにすることが安定した学習ができることになり、勉強が分かるようになり、そして、生活も安定してくるようです・・・(経験則ですが)。

6,
教科書の教え方の基本的な考え方・・・要するに教科書活用方法・・・とは、何をすることかと言えば、雑ぱくに言って以下の以下のような流れになります。

①教科書のロジックを見抜いて「基本型」をさがす。

その時間の学習する内容を理解するための基本となる形を見つけるのです。
次回実際に教科書を使ってやってみます。説明するよりも、考えてディスカッションする方がわかりやすいと思います。
②その基本の方法で練習問題を解いてみる。

基本形を使ってみる。使ってとけることを確かめる。
③教科書の練習問題を解く。
④スキルで習熟をはかる。
こんな感じである。
そうして、解けた問題、できなかった問題を区別するようにチェックを入れる。
こうやって教科書を活用すると良いと思う。

# 研究通信

NO. 9
2013/07/01
発信
研究係　廣川

教科書を使って授業をする基本原則

　教科書を有効に活用する方法としていくつか大切なことを列挙してみる。
　これが全てではなく、他にも大切なことはあるかと思うが、係の知っている限りではあるがいくつか提案をする。

## 原則1　問題を全て解く

　問題の配列やら問題の数にいろいろとご意見はあると思うが、一応「教科書の問題を全て解く」ということを念頭に指導をすると良い。教科書内容が基礎基本であること、系統的な学問であることを考えると、その配列通りに全てやってみることを考えると良いと思う。
　そして、
　　全ての子が
　　全ての問題を
　　全てノートに書いてある
ことが理想だと考える。

## 原則2　チェックの仕組みを作る

　これは、第7号に書いたことである。それに加えて、重要なのは、間違えた問題を消しゴムで消さないことだ。間違いはとっておき、同じ間違いを繰り返さないことである。
　そして、「できた印」「できなかった印」を全ての問題につけていき、間違いを直す習慣を身につけさせるわけである。

## 原則3　教科書の基本ロジックを知る

　ロジック（論理）を知る。要するに、教科書の考え方、教材の配列の構成の仕方を知れば、教科書の意図がわかってくる。これを知ることが授業で役に立つ。
　算数教科書は、多くの場合

①例題
②類題
③練習問題

の3つのパーツからなっている。その一連の流れがシステムになっている。
　「例題」とは、お手本である。まずそのお手本を理解させる。理解させる方法として
　・声に出して読む
　・指で押さえる
　・教科書をなぞる
　・教科書に書き込む
　・ノートに写す
このような作業が授業の中心となってくる。
　「類題」とは、「例題と似た問題」である。これを例題と同じようにやってみる。
　このときに全員のノートをチェックすると良い。どの程度例題で学んだことが理解できているかがわかる。
　合っていれば、○をつけ、間違っていたら説明をせずに×だけつける。
　そうすると子どもは、間違えたわけを例題のノートと見比べてやり直す。
　そこで、例題をもとに自分で解くという経験をして行くわけである、

## 原則4　最後に練習問題

　通常は、4問から8問程度である。
　類題で使えるようになったことを使って、再度自力で解いてみる。
　そのときに作業の速い子と遅い子の時間差に配慮をしていく。
　解答の時も、できた子と間違った子に配慮をする。要するに、間違った子が間違いを直して、ノートにただし答えを書く余裕を確保するわけである。
　こうして、「全員がわかる・できる」という状態にしていくと良いのではないかと考えている。

# 研究通信

NO. 11
2013/07/8
発信
研究係　廣川

教科書活用のポイント

1,
　現在本校の研究主題は
『基礎・基本の定着を目指した授業の研究』
です。
この主題達成を目指して
『全員がわかる・できる指導法の工夫』を
『より効果的に教科書を活用した授業のあり方』の実践を通して検証しているところです。
　そこで、教科書をどのように活用するのかがポイントになるわけです（当たり前）。

2,
　この通信の、6および、No,9　では教科書を使って授業をする上でのおおまかな流れを示しました。

> ①例題を解き　基本の型を知る。
> ②類題で例題の解き方（基本の型）を使う。
> ③練習問題で解き方に慣れる。
> ④スキル／ドリルで試す。習熟をはかる。

こんなパターンになります。
　この「パターン」という言葉に違和感を覚える方がいるかもしれません。「ワンパターン」というマンネリにつながるイメージがあるからだと思います。
　確かに、進め方は同じような感じなので、パターン化してしまうかもしれません。ワンパターンでは、子どもが飽きてしまいます。
　しかし、毎時間

> 同じパターンで違う内容を学習

していれば、そんなに飽きることはないようです。
　むしろ内容は違っていても同じやり方で学習が進むので、見通しがもてて安心できる子が多いようです。

　特別に支援を要する子は、予定外のことを嫌います。急にやり方を変えるとそれだけで受け入れなかったり、ひどいときには暴れたりすることもあるようです・・経験則です・・・（詳しくは大津先生に聞いてください・・すいません）。
　そういう意味からも、授業の

> 進め方のパターンがある程度固定

されていると低位の子も安心して学習ができるようです。
　「全員がわかる・できる」ようにするためには、安定した

> 授業のパターンを毎時間続けて行く

ことが一つの方法だと考えています。
　その安定した授業の進め方のパターン・・・「教科書のロジック」を見抜いて学習を進めるという一つの方法を理解していただけると幸いです。

3,
　ただ・・教科書といえど万能ではありません。学習内容を理解させるのに、様々な工夫が必要です。
　例えば

> 点対称を理解させるのにトレーシングペーパーで写して、回転をさせる作業

であったり、

> わり算の計算手順を「まず」「次に」唱える

だったり、

> 教科書に数値を書き込む作業

をさせて理解に導くわけです。ここが活用の工夫となると考えられます。

# 研究通信

NO. 3
2014/05/24
発信
研究係　廣川

ユニバーサルデザイン

1,
　最近良く目にする言葉です。
　意味を調べるとき・・・特にこういう横文字は・・・Wikipediaで調べるのが簡単です。
　Wikipediaによると

> 文化・言語・国籍の違い、老若男女といった差異、障害・能力の如何を問わずに利用することができる施設・製品・情報の設計（デザイン）をいう。

と言う意味のようです。
　教育の現場でも使われるようになってきました。校長先生の通信や大津先生の話の中にも出てきます。
　昨年の研究通信にも一部掲載をしました（覚えている方はいないと思いますが・・・）。
　学校現場では、以下の部分が重要だと思っています。

> 男女といった差異、障害・能力の如何を問わずに

の部分です。
　当然、「施設/製品/情報」の部分は、授業方法・教室環境・机上整理・教科書・教材教具などの言葉に置き換わると思います。

2,
　では、ユニバーサルデザインを意識した授業や教室環境とはいったいどんなイメージでしょうか？？
　係としては、以前からいろいろと意識をして取り組んできています。
　ただ、意識はしてもなかなかうまくはいきません。失敗やら挫折の連続ですので、あまり良い事例とは言えないと思いますが一応記述します。
　教室環境面から考えてみます。
　日常子どもが生活をする場所であり、学習をする場所である教室にも当然ユニバーサルデザインを意識するべきだと思っています。
　教室では、だれもが便利で見やすく・・と言う観点が必要かもしれませんが、一番重要なことは、「学習・授業に適した環境」ということではないかと思います。学校の中心は授業であり、その授業に集中できる教室であるべきだと思います。
　そのためのキーワードが

> 低刺激

だと思っています。
　学習以外の刺激をできるだけなくすることです。全く無くすことは不可能ですので、刺激を最小限に抑えると言う意味から、低刺激・・・と言う言葉を使うようです。

3,
　では、低刺激とは何をどうしたらよいのかと言うことですが・・・子どもが学習以外のことに気をとられない。学習に関係のない情報を見せない。学習とは関係のない情報を可能な限り少なくする・・事が必要だと思います。
　例えば、窓から車の行き来が見えるとか、グランドの遊び声が聞こえるとか・・これらも子ども刺激になっていると思われます。
　そういう刺激を可能な限り少なくすると言うことです。
　そのため、私は、

> 教室前面のカベに何も貼らないこと

ととらえて実践をしています。
　かつて、私は、学級の目標や掃除や当番の割り当て、子どもの似顔絵や写真などな・・・教室前面のカベに貼ってきまし

た。その位置が見やすい、わかりやすいと考えたからです。

しかし、そういう刺激の強い掲示に気をとられ、「想像の世界??」に導かれて上の空になってしまう子が何人かいました。

そういう刺激に弱い子は教室に数名存在しているわけです。

そして、そういう子に限って学力が低かったり学習したことの定着が弱かったりします。

よくいう、教室にいると思われる発達障害の傾向がある児童は、このような刺激が苦手のようです。

ただでさえ、刺激があれば反応をしてしまうのに、掲示物で常に学習以外のことに興味関心をひいてしまうのでなかなか落ち着きません。

そういう子に配慮をしながら教室環境を設定することが必要に思うのです。

そうなってくると、いろいろきれいに教室を演出することも大事だとは思いますが、それよりも少数ではあっても、強い刺激を苦手とする児童への配慮を優先するべきではないかと考えています。

4,

昨年、岩見沢小学校の公開研究会に参加しました。どの教室も教室前面にも何も掲示していませんでした。

これは、かなり意図的なことだなと感じて、いろいろと聞いてみたところ、研修の担当者がそういう提案をしたそうです。

担当者の名前を聞いて驚きました。

かつて、南小学校に授業参観に来た方でした。工藤栄一校長に直接依頼をして2年生の算数の授業を見に来ていました。

もっと聞いてみると、どうも、その参観したときに、教室環境について質問があったのだということです。私は、前任校から教室前面には何も貼らないようにしていたので、このときも教室には何も貼っていなかったと思います。

おそらく、それに気づきその方法を取り入れてくれたのだと思います。そして、得た情報を活用して研修の提案をしたようです。

熱心な方だなと思いました（N田という方です）。

自分の勤務校で広める前に隣の学校で取り組んでいたようです。ありがたいことです。

5,

しかし、何も貼らないと不便です。

そこで、側面と背面を活用しています。

側面には、教師は立ちません。前面に立ったとき・・・子どもに

「こちらを向きなさい。」

と指示をしたとき・・・、

教師と黒板テレビと白いカベ

だけであれば、かなり刺激も弱まってると思われます。

テレビも使わないときには視線の先にない方が良いとは思います。しかし、それはなかなか難しいですね。

そういう余計な物を子どもの視界から外していく。

そんな教室環境から学習に集中しやすくして行くことが大事なのではないかなと思います。

5,

先日回覧された資料の中につぎのようなものがあったのをご存じでしょうか?

第46回全国情緒障害教育研究協議会北海道大会報告集　ひこばえ『全国情緒障害教育研究協議会編』

です（私は大津先生が付箋を入れたあったページをコピーしています）。

そこに、ユニバーサルデザインを考えた学級/授業　と言うページがありました。そこでも、教室前面には何も貼らないのがユニバーサル・・と言う写真がありました。

おそらくこれからそういう教室環境がスタンダードになっていくのではないかと思っています。

各教室にていろいろと実践をされているかと思います。

私の教室には、毎時間毎時間、頭を悩ませるような行動をする子がいたり、学習に集中できない子がいたり、驚く行動があったり、と毎日がフェスティバルのような感じです。一度ご覧いただけると良いかもしれません。教室前面は全く何も貼っていないことをご確認ください。

# 研究通信

NO, 4
2014/05/28
発信
研究係　廣川

実践レポートについて

1,
　運動会前ですが、皆さんお疲れ様です。
　3竹では、練習もしておりますが、授業は粛々と進んでいます。
　特に算数は遅れると取り返しがつかないので、1時間1時間が大事です。
　学ぶべき事をしっかり指導をしてできるように鍛えています(つもりです)。

2,
　さて、今年も実践レポートをお願いしました。昨年はややレポート数が少なかったので、今年こそは・・・といろいろ発信していきます。
　とは言っても、ただ、例を示すだけですので、できたら参考にしてもらえるとうれしい・・と思っている係の心中を察していただきたいというのが正直なところです。よろしくお願いします。

3,
こんな感じのことをやってみました。一部学級通信になっていますので、ほしい方は一声かけてください。
　レポートもこんな程度で良いので、よろしくお願いします。

　以下、学級通信(通信は常体で書いています)からの引用・・

　現在、学習しているひき算では、こんな感じの問題が出てくる。

　　　３５２－２１４・・・・・・・・①

　一の位に繰り下げる問題である。
　これができれば、

　　　６３７－２８５・・・・・・・・②

となり、十の位に繰り下げるようになってきて、
これの次には、

　　　９２７－７８９・・・・・・・③

となり、一の位にも十の位にも繰り下がる問題が出てくるわけである。
　このように、徐々に難しくなってくるのだが、算数の授業は、ほんのちょっとずつ難しくなるという感じなので、前の時間で学んだことを参考にしながら学習を進めていくと、全くできない・・なんていうレベルの難しさではなくなってくる。
　まずは、指導されたとおりにやってみて、それから徐々に自分なりのやり方を見つけていけば良い。

　このあとも徐々にステップアップしていく。

　　　１２６７－５３４・・・④
　　　３９７２－１３６８・・・・⑤

となって、千の位の数から百の位をひくことになり、さらには、千の位の数字から千の位の数字となってくる。
　③の問題が問題なくできれば、④と⑤もそれほど難しくはないのである。
　問題は、くり下がりをどのように意識するかになってくる。
　③の計算は、裏の模範のノートに書いてあるとおりに、繰り下がった数字に斜線を引いたり、借りてきた１０を記入したり、線で結んで計算をわかりやすくしたり、そんな工夫をしながら指導をしているところである。　まずは、手順を明確にしてそれを唱えながら学習をしているところである。
　くり下がりを暗算でするのではなく、可能な限り数字の動きが目で見える形で表し

て指導をしている。だから、ちょっとノートが混雑している子が出てきている。
　この混雑を整理するために、きれいなノート・美しいノートを意識していれば、かなり混雑を解消できると思う。

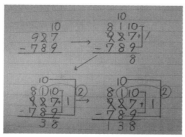

こういう学習のためにも是非、ノートはきれいに書けるように指導をしている。
　教科書には、さらに面倒な計算が出てくることになる。

　　　３０４－１２８

みたいな感じである。
　一の位に繰り下げるのに、借りたい十の位に数字がないと言う状況である。
　これは、普通なら、下の写真のように書く。

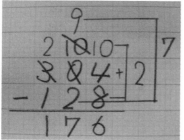

教科書にもそのように書いてある。
　これが教科書の指導の仕方であり、今までの計算の流れからすると妥当な感じである。
　これでやるのは間違っていないし、このままで問題はない。
　ただ、かなり面倒だ・・・。
　今までもかなり面倒なことを強いてきている。表の写真のように定規を使ってきれいに書くことに気を遣うと疲れてくるだろう。
　そこで、もっと簡単に考えることがないだろうかといろいろと調べてみた。
　見つけたのが右の写真である。

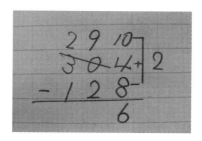

子どもたちからは、大変好評である。

こんな感じで計算をする。

『３０４－１２８＝・・・
　一の位の計算　４－８はできません。
　十の位から借りれません。
　だから、３０と見ます。３０から１借りて２９にかわります。十の位の１は、一の位では１０となります。
　１０－８＝２　　２と４で６
　十の位の計算　９－２＝７
　百の位の計算　２－１＝１
　答え　１７６です。』

　これで多少は面倒なノートも簡潔に書けるようになった。
　ただ、簡潔に・・・とか簡略に・・・とか省略して・・・というのは、全ての手順をきちんとできるようになってからの方が定着の度合いが高いように感じている。

引用終了

４，
　通信に書いたことをそのままレポートにしても結構ですので、ちょっとした工夫等を蓄積しておいてください。
　よろしくお願いいたします。

# 研究通信

NO. 8
2014/07/07
発信
研究係　廣川

授業技術の一つとして
1,
　「授業の技術について・」というと「何言っているんだ。授業を技術で論じるな・・」「授業は技術ではない」などと批判をされたことがあります。
　「授業の技術」・・等必要はない・・必要なのは、何を教えるかの教材だ。技術ではなく、愛情だ。技術偏重は良くない。むしろ、方法論が大事だ。
　そんな感じです。
　だれがそう言ったのか・・・それは、忘れました。
　確かに、たかが技術です。
　楽しくわかりやすい授業をするのに、技術だけで必要十分というわけにはいきません。他にもたくさんの要素があるでしょう。だから、技術を論じると・・偏った考え方だと指摘を受けるのだと思います。すいません。
　ただ、「されど技術」だと思っています。
　技術に偏ることはよろしくないのでしょう。だけども、その

> 技術に救われる

ことは多々あります。ないよりはあった方が良い、知らないよりは、知っていた方が良い。と言うのが「技術」でしょう・・きっと・・・(きっとです・・・)。
2,
　その技術ですが、知っていても

> 使い方を誤るとあまり効果ない

ようです。
　人がやっているからとまねをしても、その裏側にある技術の趣旨や考え、また、細かい配慮事項を知らないと、それこそ技術だけに偏っていると指摘を受けてしまうことになります。
　そこで、いくつか事例を挙げて授業の技術について取り上げて考えてみます。
3,
　まずは、授業の授業の始まりについて。
　私は、教師生活29年目になりますが、授業のはじめと終わりのあいさつをしたのは、新卒の2, 3年目まででした。それ以降25年間あまり・・授業のはじめ・終わりの挨拶をしたことがありません。
　「授業始めと終わりのあいさつをしない」というが授業の技術というのではなく、あいさつをしないで、「授業にいきなり入る」ことで「一気に学習に巻き込んでいく」という技術を使っています。
　これは、これで大きな効果があります。
4,
　授業のはじめと終わりの挨拶がけじめだと言う考えもあるようですが、これには疑問があります。

> 授業の「けじめ」はチャイム

だと思います。学校の中で授業の始まりと終わりは、チャイムで知らせることになっています。もし授業の始まりと終わりが「挨拶」だとしたら、チャイムは何のためにあるのでしょうか？
　私は授業時間である「45分」を秒単位で考えなければならないと思っています。特に、

> 「授業の始まりの15秒〜30秒」

はきわめて重要だと思って授業を進めています。
　それを挨拶の時間に使うのはもったいなと感じています。
　当然、45分のうちの30秒から1分程度はこの挨拶に費やされます。
　あいさつをしている間は授業内容には全く触れていません。従って学習時間ではないはずです。しかし、それは、45分の中に含まれております。

さらに言えば、チャイムが授業の始まりのはずなのに、挨拶が授業の始まりだとしたら、これは、完全なるダブルスタンダードです。

子どもは当然二つの「始まり」を意識せざるを得ません。授業の始まりのチャイムと授業はじめの挨拶です。

そうなると、子どもは自分の都合の良いように考えますから、中には、挨拶が始まりだと認識をする子が出てきます。そうなると始まりのチャイムを無視する事が生じてきます。

ところが、「チャイムが鳴ったら席に着く」という約束があります。じゃあ、何のためにと言う趣旨がはっきりしません。授業の準備のためでもありません。

準備は終わっているはずなのです。なぜなら教室掲示してある「学習の10の約束」に、次の授業の準備をしてからと言うのがあるのです。

そうなったら、子どもにどう指導すれば良いのでしょうか。

これがダブルスタンダードです。

従って、挨拶をなしにして、チャイムの合図でいきなり授業に入るようにすれば良いのだと私は考えています。

そしてそれは極めて効果的だとも思っています。

4,

そこで方法・技術です。

この始まりの15秒・・授業始まりの最初の指示発問をどれだけ工夫をするか・・かなり試行錯誤しました。

一つの例を挙げると

「全員起立、☆の1の問題文を読んだら座りなさい。」

こういう指示で一気に授業に突入します。また、問題を板書して「ノートに解きなさい。できたら、ノートを見せに来なさい。」と指示をします。これも一気に授業モードに突入です。

低学年では、チャイムと同時に「百玉そろばん」を始めました。フラッシュカードも使いました。

「全員起立、次の都道府県名が言えたら座りなさい。」

とやったこともあります。

その他、いろいろな方法を試してみました。今も試しています。

その場その場でどの方法が良いか？考えるわけです。ワンパターンにならないようにします。

このあたりが方法ですね。

いろいろな方法を知っていれば、かなり有効に働きます。これらの方法の多くは「子どもを活動をさせる」ことがポイントです。

工夫次第では、様々なバリエーションが生まれてきて授業の始まりがきわめてスムーズになっていきます。

この方法を知って使いこなすのが技術と言うことになります。

使いこなすこと・・これについては、いくつか大事なことがあります。

一つは、どの場面でどの方法を選択するかという「選択の技術」です。どんな方法が必要かを考えます。

次に、それが有効だったかどうかを見極める「評価の技術」が必要になります。有効であれば、続ければ良いし、効果がなければ改善が必要です。

そして、その方法についてこれなかった子・・・(必ずいます)・・への対応をどうするかを考えておく・・例外に対応する技術が必要になってきます。

この子達は「準備の遅い子」、「着席が間に合わなかった子」、その子達を叱らずに授業に入れるようにする技術です。

そして、これを繰り返すことで、自然と準備は早くなり、時間を見て行動するようになってくるのです。

最後に、そこからその時間の本題にスムーズにつなげていく技術が大事です。多くは話術だったり、指示の技術になってきます。

これらを全て考えて授業の始まりを組み立てる・・これらを一つ一つつなげていって「授業始まりの技術」となってきます。

5,

こう考えると、この出だしの十数秒の工夫で、いきなり授業に突入する技術を知れば、かなり効果的な授業の始まりになると思っています。

チャイムで授業を開始する。そこに教師の工夫が反映された授業に突入する効果的な方法を編み出す。これは、子どもを鍛える有効な方法だと思います。

私の学級は徐々にそれに慣れてきて授業の始まりはかなり改善されています。

挨拶の指導をないがしろにしているわけではありません。やっております(笑)。

研究通信 NO.9
2014/07/08
発信
研究係　廣川

授業の技術について2
1，
　授業の技術についての続編です。
　今回は技術ではなくて、授業進める上で大前提となる「原則」的な話。子どもにわかりやすい授業をするためには、ある原則があるのではないかと思っています。
　ただ、「授業の原則」などたくさんあっても覚えられるわけがないし、その原則を言葉だけで覚えていても全然意味がありません。
　覚えて、使って、それを評価する。そうでなければ意味がありません。
　この場合の評価とは、教師自身の自己評価のことです。その原則を使えるようになったか、どうかという評価です。
　どんな原則があれば授業がスムーズに進むのか？？効果的な指導ができるようにするためにはどんな原則が大事なのか？？
いろいろな立場の人がいろいろな考えで論じることと思います。
　さまざまあるお話しの中から、これだと決めるわけにはいきません。
　たった1人の意見で、研究の方向性を揺さぶることは避けたいと思っています。なので、あくまで参考と言うことで読んでください。
　私にとっては、この原則について比較的わかりやすく納得した書籍があります。
　『授業の腕を上げる法則』(明治図書　向山洋一著)です。
　決して押しつけるわけではありません。たった1人の人が主張したことがすべてと言うことはありえません。常に、どこかに間違いや思い違いや不完全さを伴っています。ですから、ごくごく参考にして欲しいという程度で読んで欲しいと思います。
　その書籍から引用をして紹介します。
2，
授業の原則十箇条
第1条　趣意説明の原則

指示の意味を説明せよ。子どもに指示を与えるときは、指示の意味を説明することが大切である。指示されたので行動しているという状態ではなく、目的を与えられたので行動をしていると理解していることが重要なのである。

第2条　一時一事の原則
　一時に一事を指示せよ。同じ時に、二つも三つもの指示を与えてはいけない。子供が混乱してしまう。特に特別支援を要する児童、ワーキングメモリの少ない児童には、この原則を踏まえることが大変重要になる。

第3条　簡明の原則
　指示・発問は短く限定して述べよ。全員が理解できる指示を与えるためには、指示する内容は本質的であり、具体的でなくてはならない。

第4条　全員の原則
　指示は全員にせよ。手に何か持っている状態で指示をしたのは指示したうちに入らない。作業の途中で指示する時は、手にしていたものを全員置かせて、自分のほうに向かせる。これで、全員に指示したと言える。

第5条　所持物の原則
　子どもを活動させるためには、場所と時間と物を与える。資料を示し、何か発言を求めるときは「資料を見る時間」「考える時間」を与える。また、子どもたちに作業をさせるのであれば、作業をさせる場をつくらなければならない。

第6条　細分化の原則
指導内容を細分化せよ。《細分化→解釈→イメージ化》文字だけではなく、映像・音楽という媒体を通じて学習を行う。国語や算数などの指導では《細分化→解釈→発問》

とかわる。

第7条　空白禁止の原則
　たとえ一人の子どもでも空白の時間をつくるな。たとえ一分間でも「何をやっていいのか分からない」という状態をつくってはいけない。先のことまで考えて手を打っておく。空白を作らないためには、以下の原則を行う。
　○まず全体に、大きな課題を与える。その後で個別に指導する。
　○授業中の個別指導は「完全にさせる」のではなく「短く何回もさせる」ことが基本。
　○終わった後の発展課題は必ず用意しておく。

第8条　確認の原則
指導の途中で何度か達成率を確認せよ。指導の後、どれくらいできるようになったかという達成状況を確認し、評価をする。達成率の確認には多くの方法がある。片々の技術が必要である。

第9条　個別評定の原則
誰が良くてだれが悪いのかを評定せよ。指導の際、大切なのは一人ひとりを個別に評定すること。個別に指導する場面を作るのでなければ、全体は完成しない。

第10条　激励の原則
常にはげまし続けよ。やる気を促すときに、最も大切なことは励ますことである。励ましは、教師が子どもと共に、一緒に欠点を克服していこうとする証明であり、それは持続されなければならない。
　　　　　　　　　　　　　引用終了
　かつて

| 指示は短く |

と言う内容を発信しました。
　これは「一時に一事の原則」に含まれます。また、「簡明の原則」に含まれます。
　私の授業で良くある

| できたらノートを持っていらっしゃい |

とノートをチェックする場面があります。
　これは、「確認の原則」を意識した授業行為であり、さらに、「個別評定の原則」を活用しています。
　そして、そのノートチェックの時に重要なのは、「空白禁止の原則」を忘れないことです。
　一番で正解だったり、活動が完結した子に何をさせるのか・・何もしない時間が続くようであれば、それを埋める別の活動を仕組むことが必要になります。
　また、このノートチェックの時に列ができるのは避けなければなりません。
　南小の研修では、何度も出て来た「よろしくない授業行為」となっています。
　だから、ノートをチェックするときには、この空白を埋めるための工夫が必要になります。
　このことを意識しながら授業を進めていかないとあっという間に教室は騒然となります。

| 授業中のできた列の向こうに学級崩壊の足音が聞こえる |

とまで言われています。私はここの空白を必死で埋めるようにしています。
　また、このノートチェックは、非常に優れた方法です。
　①短時間でたくさんの子のノートを見ることができる。
　②教師が机間巡視をしていたら、やり終わった子を待たせることになる。教師の無駄な動きがなくなる。
　③じっとしていられない子が席を立つことで落ち着ける。
　等の効果があります。
　そのために、○か×しか付けない。たった一つだけを評定する。そして、1人にかける時間は1秒以下です。ここでも秒単位を意識しています。待ち時間(空白の時間)を無くすわけです。
　従って有効な方法ではありますが、きちんとした配慮が必要なんです。
　さて、この十の原則いかがでしょう。
　おそらく、皆さん、無意識のうちに使っているはずです。
　授業のうまい方、なんかいつも子どもが上手に活動している教室には、このような原則が生きて働いているはずです。
　ちょっと考えていただけるとうれしいです。以下、次に続く・・かも。

## おわりに

岩見沢市立南小学校教頭　出口哲也

「なにも特別なことはしておりません。当たり前のことを当たり前に行う日常授業をご覧ください」

これは学校視察でお越しになる方々へ毎回，私が伝える言葉である。

本校は，北海道教育委員会の『学校力向上に関する総合実践事業』の指定校であり，この事業のねらいは「全校が一つのチームとなった包括的な学校改善を推進し，学び続ける学校づくり」を目指すものである。このことは，どの学校でも当然行われていることであり，特別なことではない。その中で，本校に求められている使命は「可視化」と「普及」，いわゆる取り組みや成果を見えるようにし発信することであり，この実現のため，公開研究会の開催や学校訪問の受け入れ，各学校等への講師派遣などを積極的に行っている。

本校の特色をあえて一つ挙げるとするならば，子どもに対する徹底した「こだわり」を全教職員が持っていることである。どの子も「わからないまま」「できないまま」家に帰さないという姿勢を共有している。これが本校の日常授業の生命線であり，その基盤である「学習規律」の徹底，「ノート指導」の徹底，「教室環境」の整備，「家庭学習」習慣の確立など，統一感を持った取り組みを推進している。

今後も，これまで取り組んできた当たり前のことを当たり前に行う日常授業を，本校の財産・伝統として継続していきたいと考えている。

今回このような本の出版の機会を与えていただき，明治図書木山麻衣子編集長，学校力向上アドバイザー野中信行先生，北海道教育委員会，岩見沢市教育委員会の皆様に深く感謝したい。

本校の取り組みを集約・整理できたこと，本校の日常的な授業実践を広く発信できたことは，本校教職員のモチベーションの向上にもつながる貴重な機会であったと考えている。

〈研究同人〉

- 三角　光二（校長）
- 出口　哲也（教頭）
- 金井　譲（教務主任）
- 廣川　徹（研究部長）
- 杉原　英樹（教諭）
- 村田　順子（教諭）
- 大津　方人（教諭）
- 金田由美子（教諭）
- 坂下　賢一（教諭）
- 伏見　昌代（教諭）
- 鍋島美和子（教諭）
- 豊川美由紀（教諭）
- 杉島　亜紀（教諭）
- 小松　英機（教諭）
- 長澤　千夏（教諭）
- 澤　正美（教諭）
- 福井　純哉（教諭）
- 阿部　奈奈（教諭）
- 初山　絵美（教諭）
- 小林　研大（教諭）
- 佐々木　明（教諭）
- 吉田　藍（教諭）
- 工藤　由香（養護教諭）
- 赤間　芳夫（事務職員）
- 柴田日出実（事務職員）
- 田中　伸枝（校務補）
- 小林　珠恵（支援員）
- 大島　妙子（支援員）
- 林　勝則（用務員）

- 渡邉　強（校長・転出）
- 間嶋　勉（教頭・転出）
- 森本夏緒里（教諭・転出）
- 茂泉　雅美（教諭・転出）
- 久保　亜紀（教諭・転出）
- 喜多　洋子（講師・転出）
- 菅原　裕子（講師・転出）
- 雁田　郁宏（事務職員・転出）
- 沼崎　育代（支援員・転出）

【監修者紹介】
野中　信行（のなか　のぶゆき）
元横浜市立小学校教諭。初任者指導アドバイザー。『新卒教師時代を生き抜く心得術60』（明治図書）など新卒シリーズで問題提起をする。著書多数。

【著者紹介】
岩見沢市立南小学校
（いわみざわしりつみなみしょうがっこう）
〒068-0009　北海道岩見沢市9条東2丁目1番地
TEL　0126（22）2618
HP　http://www2.city.iwamizawa.hokkaido.jp/kyouiku/school/minami/

「味噌汁・ご飯」授業シリーズ
全員がわかる・できるを実感する！
教科書を200％活用した算数授業づくり

| | | |
|---|---|---|
| 2017年3月初版第1刷刊 | ⓒ監　修 | 野　中　信　行 |
| | 著　者 | 岩見沢市立南小学校 |
| | 発行者 | 藤　原　光　政 |
| | 発行所 | 明治図書出版株式会社 |

http://www.meijitosho.co.jp
（企画）木山麻衣子　（校正）広川淳志
〒114-0023　東京都北区滝野川7-46-1
振替00160-5-151318　電話03(5907)6702
ご注文窓口　電話03(5907)6668

＊検印省略　　　　　組版所　藤原印刷株式会社

本書の無断コピーは，著作権・出版権にふれます。ご注意ください。

Printed in Japan　　　　　ISBN978-4-18-179626-6
もれなくクーポンがもらえる！読者アンケートはこちらから →